朝日新書

Asahi Shinsho 772

清須会議

秀吉天下取りのスイッ … 入ったのか？

朝日新聞出版

はじめに

天正十年（一五八二）六月二日未明、本能寺に滞在中だった織田信長《おだのぶなが》は、配下の明智光秀《あけちみつひで》に討たれて横死し、後継者たる嫡子の信忠《のぶただ》も続けて討たれてしまった。その光秀の天下も長く続かず、わずか十一日後に羽柴《はしば》（豊臣《とよとみ》）秀吉《ひでよし》によって討伐される。このことが結果的に、秀吉の運命を切り開くことになった。

秀吉が大きく飛躍するきっかけとなったのは、有名な「清須会議」である。同年六月二十七日に尾張清須城（愛知県清須市）で催され、織田家家臣の柴田勝家《しばたかついえ》、丹羽長秀《にわながひで》、羽柴秀吉、池田恒興《いけだつねおき》の四人が集まり、信長・信忠没後の後継者を誰にするか話し合われた。秀吉は信忠の遺児・三法師《さんほうし》（のちの秀信《ひでのぶ》）を強く推し、信孝《のぶたか》（信長の三男）を擁立しようとした勝家の主張を退けた。主導権を握った秀吉はその後、信孝、勝家を葬り去り、小牧・長久手の戦いで信雄《のぶかつ》（信長の次男）、徳川家康《とくがわいえやす》を屈服させた。以上の流れが、われわれが一般的に知る清須会議の概要である。

これにより、秀吉は天下取りの道を歩みだしたといわれているが、あくまで二次史料（系図、家譜、軍記物語など、後世になって編纂されたものを指す。これに対し、同時代に作成された書状、日記などは一次史料と呼ばれ、より史料的価値が高いとされる）に書かれたもので、織田家の後継者をめぐって争ったというのは、今では誤りであると指摘されている。のちに述べるように、三法師が織田家の家督を継ぐことは既定路線であって、信雄と信孝が争ったのは、三法師が元服するまでどちらが名代となるかであった。決着がつかなかったため、秀吉が主導権を握る織田家の宿老体制のもと、三法師を支えることになったのである。映画、テレビドラマ、小説などで、前頁の筋書をもとに清須会議を描いているのは、あまりに展開が鮮やかかつドラマチックだからだろう。

一連の流れは「清須会議」と称されるが、当時の史料にはそう書かれていない。私が調べたところでは、大正六年（一九一七）に刊行された、中村孝也著『日本近世史　第二巻』（育英書院）が最初で「清洲会議」とある。とはいえ、一般的には「清須会議」で通っているので、本書ではその名称を使うこととしたい。現在、清須城は清洲城と表記されるが、本書では戦国時代の表記に従い、清須城で統一する。

本書は「清須会議」のきっかけとなった本能寺の変から説き起こし、秀吉の天下取りの道のりを検証するものである。そのなかで「清須会議」は重要な位置を占めるが、ほかにも賤ヶ岳《しずがたけ》の戦い、小牧・長久手の戦いなど、秀吉のターニングポイントとなった合戦にも注目したい。さらに、秀吉の関白就任から奥州仕置までを取り上げる。

その軸になるのは、秀吉と織田家の人々（信雄、信孝）、そして柴田勝家、徳川家康らライバルとの関係である。いかにして、秀吉は織田家の後継者たる信雄、信孝を追い落とし、勝家、家康を凌駕《りょうが》することになったのか。そのプロセスに重点を置いて種々の検討を加えた。

秀吉の天下取りへの道のりは、「清須会議」に限らず、少なからず俗説がまかり通っている。通説には二次史料に基づく誤解も往々にしてあり、再検証することも大きな目的である。本書では良質な先行研究や一次史料に基づき、秀吉の天下取りの道程を描き出すことしたい。

清須会議　秀吉天下取りのスイッチはいつ入ったのか？

目次

図版　谷口正孝

魚津城
上田城
厩橋城
江戸城
小田原城
駿府城
浜松城

北庄城（福井城）
犬山城
岐阜城
竹ヶ鼻城
賤ヶ岳古戦場
長浜城
佐和山城
備中高松城
姫路城
三木城
坂本城
京都御所
安土城
峯城
亀山城
大坂城
松ヶ島城
桑名城
長島城
蟹江城
清須城
長久手古戦場
岡崎城

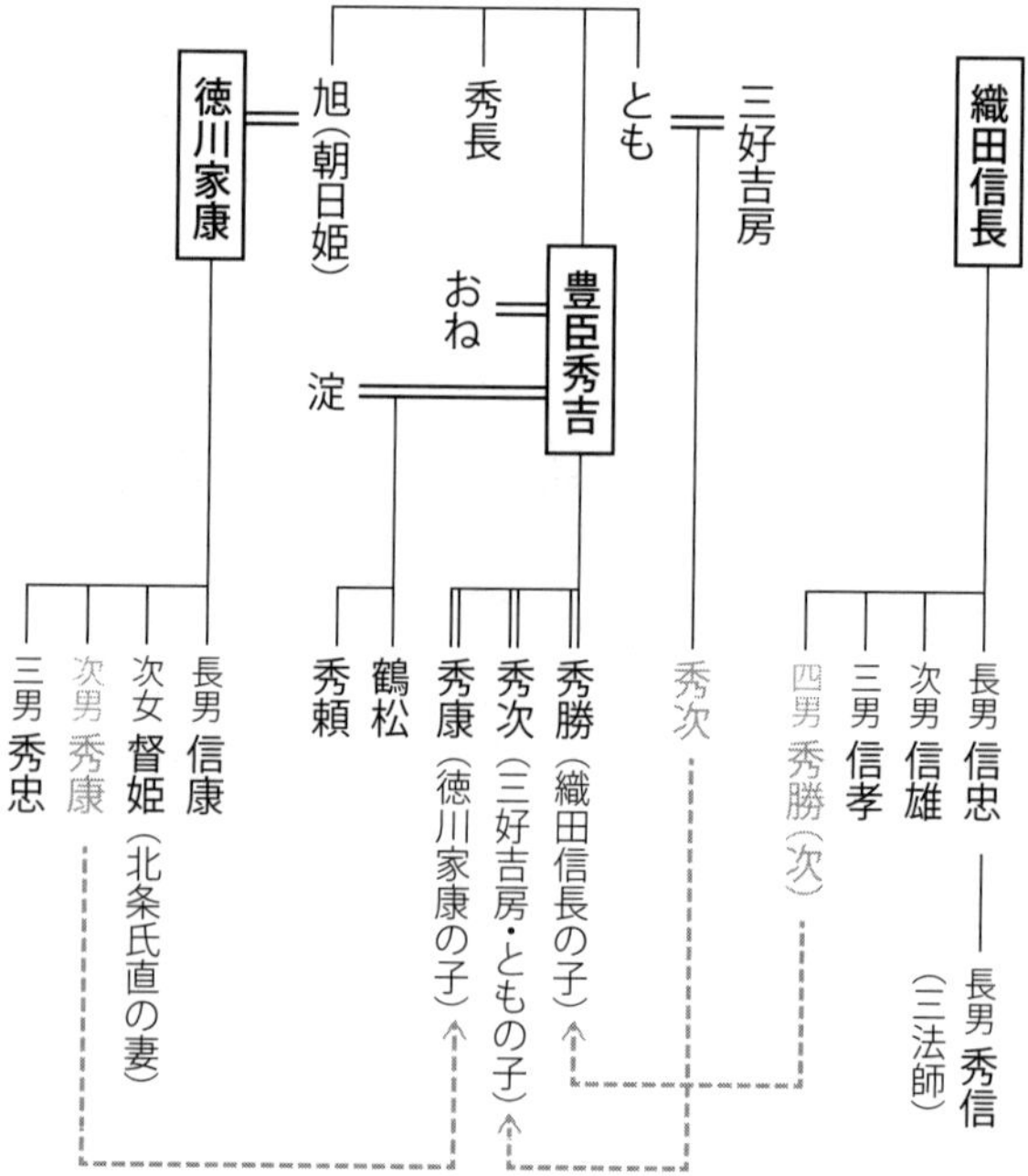

織田信長
長男 信忠
長男 秀信（三法師）
次男 信雄
三男 信孝
四男 秀勝（次）
三好吉房
とも
秀次
豊臣秀吉
おね
淀
秀長
旭（朝日姫）
秀勝（織田信長の子）
秀次（三好吉房・ともの子）
秀康（徳川家康の子）
鶴松
秀頼
徳川家康
長男 信康
次女 督姫（北条氏直の妻）
次男 秀康
三男 秀忠

序章

清須会議への道のり——信長の死と後継者問題

織田信長
（『豊臣昇雲録』国文学研究資料館蔵）

本能寺の変の勃発

羽柴（豊臣）秀吉の天下取りのきっかけは、本能寺の変にある。秀吉は主君の織田信長を謀殺した明智光秀を討ち、織田家中における立場を優位にした。なお、この時代の天下とは日本全国ではなく、京都および畿内を意味する。詳細は、第一章の最後に解説しよう。

天正十年（一五八二）六月一日夜、居城の亀山城（京都府亀岡市）を出発した明智光秀は、備中《びっちゅう》高松城（岡山市北区）で対陣中の羽柴秀吉の救援に行かず、突如、進路変更をして織田信長のいる本能寺（京都市中京区）に向かった。亀山城から本能寺までは、直線距離で約十四キロメートルだ。信長を討つことを知っていたのはおそらく一部の重臣だけで、ほかの兵卒らは知らなかったに違いない。本能寺襲撃は、トップシークレットだった。

一方の信長は、よもや光秀軍が攻め込んでくるとは夢想だにせず、夜には子の信忠と語らっていた。側には近習や小姓などもおり、楽しいひと時を過ごしていた。夜が深くなり、信忠は本能寺を辞去して、宿所の妙覚寺（京都市上京区）に戻った。その後も信長は女性を召し寄せ、歓談していたという。

光秀は途中の場所で控え、光秀の手勢は家臣の明智秀満《あけちひでみつ》（光秀の女婿）や斎藤利三《さいとうとしみつ》らを先頭に、少しずつ本能寺へと迫っていった。そして、兵卒を四方の部隊に分けると、本能寺の宿所を取り囲んだ。夜が明けそうな頃、兵卒は合壁《かっぺき》を引き破り、門木戸を打ち壊すと、信長のいる宿所に一斉に乱入したのである。こうして、本能寺の変は勃発した。

信長は、光秀の襲撃をまったく予想していなかった。配下の有力な武将は、東国、西国の反信長派を討伐するため、出陣中だった。おまけに信長の供をしていた人々は、京都市中の各所に出掛け、遊興に耽っていたという。番所に詰めていたのは、わずか百名余の小姓に過ぎず、警備はかなり手薄だったのである。信長は油断していたのだ。

光秀軍の討ち入り

六月二日未明、本能寺の四方を取り囲んでいた光秀の軍勢が本能寺を襲撃した。最初、信長も小姓衆も下々の者たちの喧嘩かと考えたが、そうではなかった。光秀軍は鬨《とき》の声をあげ、本能寺に鉄砲を撃ち込んできたのである。どう考えても戦闘の始まり以外とは考えられなかった。信長らにとってみれば、驚天動地の出来事だったことだろう。

信長配下の武将たちは奮戦した。面御堂《おもてみどう》の御番衆は信長のいる御殿へと馳せ参じ、御厩《みまや》では矢代勝介《やしろかつすけ》ら二十四名が討ち死にした。馬術に長《た》けた勝介は関東出身で新参の者だったというが、無念にも戦死した。森蘭丸《もりらんまる》ら小姓衆も奮戦したが、御殿内で討ち死にしたのである。こうして、次々と信長方の将兵は討ち取られた。

信長配下の武将が奮闘したとはいえ、しょせんは多勢に無勢である。わずかな時間で、信長方の形勢は不利になった。最初、信長は弓を取って、矢を二、三度放ったという。しかし、しばらくすると弓の弦《つる》が切れたので、今度は槍を手に取って戦った。自ら戦うよりほかの手段はなく、信長はもはや孤立無援だった。

信長は肘に槍で傷を負うと引き下がり、すぐさま女中たちに退去を命じた。すでに御殿には火が広がっていた。殿中の奥深くに入った信長は、内側から納戸を閉じると自害した（『信長公記《しんちょうこうき》』）。享年四十九。その後、本能寺は放火により、紅蓮《ぐれん》の炎に包まれた。こうして信長は無念の気持ちを抱きながら横死し、居所だった本能寺は無残にも焼け落ちたのである。家臣に討たれた信長の心中は、いかばかりのものであったのか。

信長を討ち果たした光秀軍は、嫡男・信忠の宿所である妙覚寺に移動する。本能寺から妙覚寺まで大した距離はない。ところが、明智軍は移動に少々手間取ったらしい、その間、本能寺前に邸宅を構える村井貞勝《むらいさだかつ》は子の貞成《さだなり》・清次《せいじ》とともに信忠のもとに向かい、本能寺が落ちたこと、やがて明智軍が妙覚寺に来るであろうことを報告した。

変を知った信忠はもはや安土城《あづち》（滋賀県近江八幡市）まで逃れられないと覚悟し、逃げる途中で雑兵《ぞうひょう》の手にかかるならば、ここで切腹したほうがよいと決断した（『信長公記』）。その後、村井貞勝の進言により、信忠は堅固な構えの二条御所（京都市上京区）へと移動した。やがて二条御所での戦いが開始される。光秀軍は一万余の軍勢であったが、信忠軍の兵力はわずか数百で、武器も満足になかったという。信忠も自ら武器を取って戦ったが、最後には覚悟して切腹した。享年二十六。信長に加え、嫡男の信忠が討たれたことは、織田家に深刻なダメージを与えた。

六月二日の未明に始まった戦いは、おおむね九時頃に終了した。わずか三時間余の戦いで、光秀は信長を討つという本懐を成し遂げたのだ。

織田家臣団はどこで報せを聞いたのか

本能寺の変の前後、各地で戦っていた信長配下の勢力はどのような状況だったのかを示しておこう。

①北陸――柴田勝家を筆頭に、佐々成政《さっさなりまさ》、前田利家《まえだとしいえ》、佐久間盛政《さくまもりまさ》が加賀、能登、越中の平定に臨んでいた。六月三日には、越中魚津城（富山県魚津市）を陥落させた。

②中国——羽柴秀吉が備中高松城を攻囲しており、変の前後は和睦に腐心していた。
③関東——滝川一益《たきがわかずます》が上野厩橋《こうずけまやばし》（群馬県前橋市）に滞在していた。
④四国——五月二十九日の時点で、織田信孝以下、丹羽長秀、蜂屋頼隆《はちやよりたか》、津田信澄《つだのぶずみ》（信長の甥で、光秀の女婿）が摂津住吉（大阪市住吉区）およびその周辺で待機しており、六月三日に四国渡海の予定であった。
⑤摂津——中国方面の救援に向かうべく、中川清秀《なかがわきよひで》、高山右近《たかやまうこん》らが待機していた。
北陸の柴田勝家らの諸将、関東の滝川一益は遠隔地でもあり、情報収集に苦労したと考えられる。とくに、勝家らは上杉《うえすぎ》氏と対峙しており、身動きできない状況だった。光秀にとって有利な状況だったのだ。

右の武将の面々でもっとも京都に近かったのは、中川清秀と高山右近である。二人は秀吉の与力（加勢する武将）として、中国方面に向かう予定だった。いかほどの軍勢を抱えていたかは不明であるが、とっさに光秀を討とうとするリーダーシップはなかったのだろう。その後の動きによると、中川氏は秀吉と書状のやり取りをして情報を交換しているので、自ら動くのではなく秀吉を頼りにしていたのは明らかである（「中川家文書」）。

四国渡海を控え、摂津住吉に滞在中だった織田信孝らも、京都に近い場所にいた。当時、信孝は二十代の青年武将で、丹羽長秀ら信長の重臣に支えられていた。しかし、彼らも京都に急行して光秀を討とうとはしなかった。そうした状況下において、唯一、光秀を討つべく京都に向かったのは、羽柴秀吉だけだったのである。そして、秀吉の迅速な行動は、その後の織田家臣団の立ち位置で重要な意味を持った。

毛利氏との和睦

六月三日夜、落城を間近にした備中高松城を前にして、秀吉のもとに使者が書状を届けた。書状には、前日の二日に本能寺で信長が光秀の奇襲を受け、自害したと記されていたに違いない。秀吉の驚きぶりは、想像するに余りある。ただ、あくまで推測である。残念ながら、秀吉がいつ「信長横死」の情報を得たのかは判然としない。

ここからの秀吉の行動は迅速だった。

光秀打倒を決意した秀吉は、六月三日の深夜から毛利《もうり》氏との和睦交渉を開始する。交渉が長引けば、それだけ光秀に態勢を整える時間を与えてしまうので、スピードが要求された。しかし、秀吉は有利な状況にあった。水攻めのなか籠城して抗戦する清水宗治《しみずむねはる》への救援が事実上困難であったため、毛利氏は秀吉との和睦締結に傾きつつあったのだ。むろん、信長の死を毛利方に知られる前に、という目論見もあっただろう。

　和睦締結の後、秀吉は早速、城中の宗治に対して最後の酒と肴を贈った。秀吉は孤島と化した備中高松城に小舟を送り、宗治とその家臣を本陣に招き入れた。ともに杯を酌み交わし、宗治は舞を舞った後、辞世の句を詠んで自刃して果てたといわれている。結局、毛利氏は信長横死の情報を得るのに手間取り、秀吉を追撃することはなかった。

　四日の午前十時頃、上洛に向けて準備を整えた秀吉は、備中高松城に腹心の杉原家次《すぎはらいえつぐ》を置くと、京都に向けて出陣する（六日出発という説もある）。秀吉の取った経路は、野殿《のどの》（岡山市北区）を経て、宇喜多《うきた》氏の居城である沼城（岡山市東区）へ向かうコースだった。直線距離にして約二十二キロメートルである。

　兵は籠城戦後かつ重装備での行軍であり、心身の疲労は大きかったであろう。秀吉も同じく疲労困憊《こんぱい》だったに違いない。その後、秀吉は姫路（兵庫県姫路市）を経て山陽道を東上し、六月十二日には尼崎（兵庫県尼崎市）を通って摂津富田《とんだ》（大阪府高槻市）に着陣した（「金井文書」など）。秀吉は行軍しながら、光秀の動向について情報を探っていたに違いない。

山崎の戦いの開始

秀吉は前日の軍議で高山右近を先陣に決定し、早速、大山崎（京都府大山崎町）へ陣を取るように命じた。秀吉が摂津富田に着陣すると、すでに光秀軍との前哨戦が始まっていた。光秀が駐留していた勝竜寺城（京都府長岡京市）付近では、両軍が鉄砲を打ち合っていたのである。

十二日夜、摂津富田で一夜を過ごした秀吉軍は、十三日の朝に同地を発ち、いよいよ決戦の地・山崎へと向かった。秀吉軍が山崎に着陣したのは、十三日の昼頃であった。備中高松城から山崎まで、約百七十キロメートルである。「中国大返し」は、尋常でない移動スピードが強調されるが、現在ではそれほどでもなかったという否定的な見解が強い。山崎で再び秀吉軍と合流した信孝の号令により筒井順慶《つついじゅんけい》が出撃すると、光秀との戦いが本格化した。

夜になると、光秀軍が秀吉軍を攻撃してきたため、これに対して反撃を行った。摂津衆の高山右近、中川清秀、池田恒興は、地元の地理にも詳しかったので戦いを有利に進め、秀吉軍はたちまち光秀軍を敗北へと追い込んだ。当時の記録に、光秀軍が「即時に敗北」

とあることからも（『兼見卿記《かねみきょうき》』）、秀吉軍の圧倒的な勝利だった。

敗北した光秀軍は勝竜寺城へ逃げ帰ったが、そこも秀吉軍に包囲され、即座に脱出した。光秀軍の一部は京都に流れ込み、大きな混乱を招くことになる。その敗軍の中に、光秀の姿もあったかもしれない。かつて天下人に名乗りをあげた光秀だったが、一夜にして哀れな敗残者に転落した。

光秀の最期

大敗北を喫した光秀は、居城のある近江坂本城（滋賀県大津市）を目指し、とにかく逃亡するしか術《すべ》がなかった。坂本への帰還後、兵を集めて再起を考えていたかもしれない。十四日、光秀ら落武者の一行が小栗栖《おぐるす》（京都市伏見区）へと差しかかると（醍醐《だいご》、山科《やましな》とする史料もある）、ここで意外な結末が待っていた。

その頃、明智軍の敗北を知った農民たちは、落武者の所持品や首級を狙って、落武者狩りを行っていた。とくに大将の首級を持参すると、多大な恩賞を得ることができた。

案の定、光秀らは竹藪で土民らの落武者狩りに遭い、無残にも非業の死を遂げたのである。家臣の斎藤利三は、堅田《かただ》（滋賀県大津市）に潜んでいるところを捕縛された。その後、六条河原で殺害された。こうして明智軍は全滅。光秀の謀叛《むほん》は、「三日天下」と揶揄《やゆ》されたのだ。

七月二日、光秀の斬られた首は胴体と接続させて、京都粟田口《あわたぐち》（京都市東山区・左京区の境）で磔《はりつけ》にされ、衆人の面前で辱《はずかし》めを受けた。利三も同じ措置を施された。多くの見物人が集まったという。そのほか討ち取られた首が三千余もあり、それらの首を埋葬して首塚が築かれた。

主導権は秀吉に

秀吉は備中高松城の攻防を和睦に持ち込んで切り上げ、ほかのどの武将よりも早く上洛の途についた。そして、見事に光秀を山崎で討ったことは、秀吉にとって大きなアドバンテージになった。

では、当時における秀吉の織田家中における位置は、どうだったのだろうか。

そもそも秀吉は武家の家庭に生まれたのではなく、一介の百姓の息子だった。その出自については諸説あるが、低い身分だったのはたしかである。とはいえ、信長は実力を評価したので、それは決して大きなハンデにはならなかった。

若き秀吉は織田信長から才覚を認められ、家臣として登用された。信長の家臣になって以降、秀吉は各地の合戦で大いに軍功を挙げ、織田家中で徐々に身分を上昇させていった。本能寺の変の直前には、中国方面の司令官的な役割を与えられ、毛利氏討伐という重大な任務を命じられていた。

当時の秀吉は、信長から浅井《あざい》氏討伐の恩賞として今浜（のちの長浜。滋賀県長浜市）を与えられ、居城の長浜城を築いていた。また、天正五年（一五七七）十月には、信長から中国計略を命じられて、播磨《はりま》姫路城（兵庫県姫路市）を居城とした。一説によると、姫路城はもともと黒田孝高《くろだよしたか》（官兵衛《かんべえ》）の居城だったが、中国計略に際して秀吉に譲られたといわれている（『黒田家譜』）。

それだけでなく、天正八年（一五八〇）一月に三木城（兵庫県三木市）の別所《べっしょ》氏を降すと、播磨の国衆は秀吉の配下に加わった。さらに備前《びぜん》、美作《みまさか》（以上、岡山県）の国衆についても、秀吉の与力だった黒田氏と竹中重治《たけなかしげはる》（半兵衛《はんべえ》）の調略によって、軍事指揮下に入っていた。中国方面司令官の名のとおり、毛利氏領国以外は、ほぼ秀吉の傘下にあったのだ。

つまり、本能寺の変が勃発した時点で、秀吉は織田家中において、柴田勝家の諸将らと並び枢要な位置にあった。その秀吉が真っ先に上洛を果たし、光秀を討ったのだから、その功績は第一であるといえよう。同時にそれは、ほかの織田家中の有力な面々よりも、優位に立ったことを意味していた。

一方の織田家では、信長と嫡男の信忠が亡くなったので、後継者問題が持ち上がるのは必至だった。つまり、秀吉が光秀を討ったことで織田家中における主導権を握ったのは意味があることで、それが直後の織田家の後継者問題をめぐる「清須会議」に大きく作用したのである。

第一章

従来説に見る清須会議の展開

三法師を抱く秀吉
（『豊臣昇雲録』国文学研究資料館蔵）

織田家一の宿老、柴田勝家

明智光秀の討伐後、羽柴秀吉、柴田勝家、池田恒興、丹羽長秀の四人の宿老衆が中心となり、清須会議が催された。宿老とは年老いて経験を積んだ人の意であるが、のちに武家の重臣を意味するようになった。この清須会議については後述するとして、まずは彼らの経歴や立場から見ていくことにしよう。

最初に紹介するのは、柴田勝家である。勝家は生年未詳。尾張国愛知郡上社《かみやしろ》村（名古屋市名東区）の出身といわれている。もとは織田信長の弟・信勝《のぶかつ》（信行《のぶゆき》）に仕えていたが、のちに信長の配下に加わり重用された。猛将として名高い。

天正三年（一五七五）九月、信長が越前一向一揆衆を滅亡に追い込むと、勝家は越前支配を任された。しかし、実際には監視役として佐々成政、不破《ふわ》光治《みつはる》、前田利家ら府中三人衆が府中（福井県越前市）に置かれた。また金森長近《かなもりながちか》、原政茂《はらまさしげ》（長頼《ながより》）には、大野郡の大部分が与えられ、敦賀郡は武藤舜秀《むとうきよひで》が支配を担当していた。越前は勝家がまるまる支配するのではなく、分割で統治がなされたのである。

越前に入国した勝家は、北庄《きたのしょう》（福井市）に九層の天守を持つ城を築城した。北庄城には城下町を作るべく、一乗谷（同上）から商人、職人を集住させ、寺院も移築させた。それだけでなく、養子の勝豊《かつとよ》を丸岡（福井県坂井市）に配置し、その弟で同じく養子の勝安《かつやす》を袋田（同勝山市）に入れた。勝家は支城を子に任せ、越前支配を展開する。

翌天正四年、勝家は七カ条の「国中掟」を定めた。その内容は、百姓が武士の家来になることの禁止、税逃れのため他所に移動することの禁止、などを定めたものである。勝家は家臣に対して、無断で百姓を人夫として徴集することも禁じた。それは一貫した百姓の保護であり、撫民《ぶみん》政策だった。さらに同年、羽柴秀吉に先駆けて刀狩を実施。集めた武器は、九頭竜川《くずりゅうがわ》の舟橋の鎖や農具に改鋳したという伝承がある。翌天正五年には越前で検地を行うなどして、独自の支配を展開した。

勝家は越前国を拝領したのち、信長から北陸方面の司令官的な役割を与えられる。天正五年以降、勝家は越後の上杉謙信《うえすぎけんしん》対策として、先鋒を担っていた（謙信は天正六年に死去）。その主戦場になったのが、能登、加賀、越中の三カ国だった。勝家は信長の期待に応え、天正八年十一月に加賀を平定。さらに能登、越中に侵攻した。

天正十年三月以降は、魚津城、松倉城（富山県魚津市）を攻囲。勝家が戦いを優位に進めるさなか、本能寺の変が勃発し、その翌日の同年六月三日、魚津城は落城する。信長の死を知った勝家はただちに北庄へと帰還したが、退却は決してスムーズに進まなかった。越中や能登では一揆軍が蜂起し、行く手を阻んだのである。魚津城はその後、再び上杉方の手に戻ってしまう。

同年六月十日、勝家は溝口半左衛門《みぞぐちはんざえもん》へ書状を送った。これは、平成三十年（二〇一八）十一月に発見された史料である（「溝口半左衛門家文書」）。同史料によると、勝家は光秀が近江にいると見て、摂津にいた丹羽長秀と協力し、光秀を討伐しようとした。しかし、光秀は八日に安土にいたものの、九日には上洛していた。つまり、手紙をやり取りする間にタイムラグが生じて、勝家は正しい情報を得られなかったのである。

同年六月十八日、ようやく帰還した勝家は近江加田荘（滋賀県長浜市）に禁制を与えたが（「小川武右衛門氏所蔵文書」）、すでに光秀は秀吉らに討たれたあとだった。勝家は秀吉と異なり、上杉方と和睦せずに退却したため、その後の動きに支障が生じたのだ。勝家は、秀吉に後れを取ったのである。なお、禁制とは、寺社や村落などで軍勢が狼藉を働かないよう、禁止事項を列挙した文書のことである。

信長の乳兄弟、池田恒興

池田恒興は、天文五年（一五三六）の生まれ。信輝《のぶてる》ともいわれるが、確証はない。池田恒利《つねとし》と織田信長の乳母・養徳院《ようとくいん》の間に生まれ、信長とは乳兄弟の関係にあった。恒興は信長没後に宿老衆の一人に加えられたが、それは乳兄弟の関係が少なからず作用したと考えられる。出身地については尾張のほか、近江、美濃説がある。織田氏との近しい関係を考慮すると、尾張出身説が妥当なようだ。

恒興は永禄三年（一五六〇）五月の桶狭間の戦い以降、信長に従って各地に出陣した。とくに、対武田《たけだ》戦では信忠のもと、押さえとして東美濃で軍事行動を行っていた。

天正六年（一五七八）十一月、恒興は荒木村重《あらきむらしげ》が籠る有岡城（兵庫県伊丹市）での戦いに従軍する。天正七年七月に有岡城が落ちると、恒興は翌天正八年七月に荒木方の花隈城（神戸市中央区）の攻撃で勝利に貢献した。一連の戦いにおける軍功は、恒興が重用されるきっかけとなった。

戦後、恒興は摂津国を与えられたと解されているが、実際には高山右近、中川清秀らも一部の地域を支配していた。むしろ恒興は大将として、与力である彼らを統率する立場にあり、一国支配権までは与えられていなかったようだ（『信長公記』）。その後、恒興は摂津に止まり、各地に出陣することはなかった。恒興は、畿内の留守を預かる役目を与えられていたのだろう。

天正十年五月、恒興は秀吉の援軍として、中国の毛利氏討伐を命じられた（『信長公記』）。恒興を、同様に中国行きを命じられた明智光秀の与力だったと解する向きもあるが、実際は、細川忠興《ほそかわただおき》、塩川長満《しおかわながみつ》、高山右近、中川清秀の各氏と同じく、単独で秀吉の救援に向かったと考えるべきだろう。恒興を光秀の与力と書いている史料はない。

同年六月二日、本能寺の変が勃発するが、直前の恒興の動きはよくわかっていない。勢力基盤のある摂津にいたのは間違いないだろう。その後、上洛する秀吉軍と合流し、山崎の戦いで光秀軍を撃破した。戦後、秀吉らと入京したのは明らかであるが、その後の動きは詳しくはわからない。しかしながら、恒興が秀吉とともに光秀を討ったことは、かなり重要な意義があったと考えられる。

軍事・政務の要、丹羽長秀

天文四年（一五三五）、長秀は尾張国春日井郡児玉村（名古屋市西区）に誕生した。もともと丹羽氏は斯波《しば》氏の家臣だったが、のちに水野《みずの》氏に仕え、さらに転じて織田氏の家臣となった。

長秀は信長に仕え、信長の養女（庶兄・信広《のぶひろ》の娘）と結婚する。長秀がのちに宿老衆に加えられたのは、こうした関係も無視できないだろう。以降、信長に従って永禄三年（一五六〇）の桶狭間の戦いなどに出陣し、大いに軍功を挙げた。

永禄十一年九月に信長が足利義昭《あしかがよしあき》を推戴して上洛すると長秀も従い、のちに秀吉らと京都支配に従事した。元亀二年（一五七一）二月、近江佐和山城（滋賀県彦根市）を攻撃し、浅井氏の家臣である磯野《いその》員昌《かずまさ》を説得して開城。その後、佐和山城主になった。

天正元年（一五七三）に朝倉《あさくら》氏が滅亡すると、武田氏に代わって若狭を支配する。二年後には信長の推挙により朝廷から惟住《これずみ》姓を与えられ、天正四年には安土城普請の指揮を任された。その後は信長の命に応じて各地を転戦し、大いに軍功を挙げた。信長家中において、長秀が枢要な地位にいたのは間違いなく、それは軍事・政務の両面にわたるものだった。

天正十年五月、長秀は信長から四国征伐（長宗我部《ちょうそかべ》征伐）を命じられる。総大将は織田信孝で、長秀は蜂屋頼隆とともにサポートする役割を任された。副将とはいえ重要な任務であり、信長から厚い信頼を得ていたのは疑いない。

しかし、本能寺の変により、四国征伐は実行されなかった。長秀と信孝ら四国征伐軍は堺（大阪府堺市）に滞在していたが、信長横死の一報が届くと、将兵らの多くは逃亡したという。長秀は信孝と相談し、津田信澄（信長の甥で、光秀の女婿）を大坂（大阪市）で殺害した。その後、長秀と信孝は上洛した秀吉軍と尼崎で合流し、六月十三日の山崎の戦いで光秀軍を打ち破る。長秀の率いた軍勢は秀吉の約二万に対し、わずか三千余だったという。長秀の軍勢が少なかったのは、四国征伐に従った将兵が本能寺の変で動揺し散り散りになったからだった。

戦後、長秀は洛中の騒乱を鎮めると、ただちに明智方に占拠された佐和山城に急行した。そして、明智方を討滅し、佐和山城を取り戻したのである。

長秀は信孝とともに摂津に滞在中で、もっとも京都に近かったが、突然の出来事で十分に対応できなかった。その点でやや秀吉に後れを取ったものの、恒興と同じく光秀を討った点では功績が大きかったといえる。

関東を任された滝川一益

のちに宿老となった秀吉、勝家、恒興、長秀の四人は有力な存在だったが、ほかにも信長の配下には重臣がいた。とくに、滝川一益と徳川家康は重要だろう。まずは、滝川一益の動きを挙げておこう。

大永五年（一五二五）、滝川一益は一勝《かずかつ》の子として、近江甲賀郡に生まれた。その後、織田信長に仕え、伊勢北畠《きたばたけ》氏との戦いで頭角を現す。永禄十二年（一五六九）八月、大河内城（三重県松阪市）攻撃の功により北伊勢五郡を与えられ、領内の指出《さしだし》検地を行った。指出検地とは、直接立ち入って土地の測量などを行わず、領内の家臣らに自己申告させた検地の方法である。天正二年（一五七四）九月には、伊勢長島一向一揆を海上から攻囲して平定に貢献し、長島城（同桑名市）主に任命される。

天正六年十一月、九鬼《くき》嘉隆《よしたか》とともに大坂湾において鉄甲船で毛利軍を撃破。大坂本願寺（大阪市中央区）への兵糧搬入の阻止に成功した。天正八年九月には、明智光秀とともに大和で指出を徴収し、年貢の収納状況や土地の権利関係を調査。さらに同年、信長の取次として北条《ほうじょう》氏を担当し、甲信方面の出陣準備を行った。やはり一益も、信長の重臣として大きな役割を果たしたのは疑いない。

天正十年三月、信長は甲斐武田氏を滅亡に追い込んだ。副将格の一益は軍功により、上野国、信濃国佐久・小県《ちいさがた》の二郡を与えられる。そして、上野厩橋城主となり、関東方面司令官的な地位を任された。一益には、北条氏や関八州《かん》（武蔵、相模、上野、下野《しもつけ》、上総、下総、安房、常陸）の押さえとしての役割が期待されたのである。信長は一益への信頼と期待から、このような役割をもって厚遇したのであろう。

同年六月二日、信長が本能寺の変で横死すると、北条氏政《うじまさ》が一益に敵対行動をとり、両者は交戦状態に入った。同年六月十八日、一益は神流川《かんながわ》で北条氏邦《うじくに》の軍勢を打ち破るが、その翌日には北条氏直《うじなお》の軍勢と戦い敗北する。敗れた一益は箕輪《みのわ》（長野県箕輪町）から小《こ》諸《もろ》（同小諸市）に入り、木曽（同木曽町）を経て、本領の伊勢長島に帰った。

結局、一益は無残な敗北を喫したうえに、清須会議にも出席できなかったので、ほかの重臣に後れを取ったということになろう。

織田家の同盟者、徳川家康

徳川家康については、あまりに有名なので前半生は省略する。家康はもともと、信長と同盟を結び対等な関係にあったが、天正元年（一五七三）に足利義昭が信長によって京都から追放されたことを機に臣従する。その後、家康は信長に従って各地を転戦。天正十年三月に甲斐の武田氏が滅亡すると、それまでの軍功が評価され、信長は家康に駿河国を与えた。信長にとって、家康は有力な同盟者だった。

天正十年五月十一日、家康は信長にお礼を申し述べるべく、武田氏旧臣の穴山信君《あなやまのぶただ》（梅雪《ばいせつ》）や家臣らとともに安土へ向かう。五月十五日に家康の一行《いっこう》が安土に到着すると、丁重なもてなしを受けた。そのことは国元にまで伝わっており、従来いわれているように、光秀が饗応で失態を演じたとは考えにくい。

同年五月二十一日、家康は信長の勧めもあって上洛した。その後、大坂、奈良（奈良市）、堺などを見物した。そして、同年六月二日には、再び上洛する計画だったが、本能寺の変が勃発して信長が横死する。主君が光秀に討たれたことによって、家康の運命は暗転した。暗転どころか、死の危険にさらされたのである。

家康が家臣の本多忠勝《ほんだただかつ》を京都に派遣したところ、忠勝は商人の茶屋四郎次郎《ちゃやしろじろう》から凶事（本能寺の変）を聞かされたという。忠勝は茶屋四郎次郎とともに引き返し、上洛の途次にあった家康に報告した。家康は一度こそ切腹しようとするが、忠勝らに宥《なだ》められて帰国を決意。その逃避行の行程が、有名な「神君伊賀越《しんくんいがご》え」である。家康は伊賀路のルートをたどり、苦心惨憺《さんたん》して本国の三河にたどり着いた。

帰国後の家康は、落ち着きを取り戻し、本能寺の変の首謀者である光秀を討つべく、信長の弔い合戦の準備を整えた。そのときに擁立したのが、信忠の遺児・三法師（のちの秀信。信長の孫）だった。当時、三法師は尾張清須城に逃れていた。そして、六月十四日に尾張国鳴海（名古屋市緑区）まで出陣するが、翌十五日、秀吉がすでに光秀を討ったことを知った。

六月十七日、家康は津島（愛知県津島市）まで軍勢を進めていたが、秀吉から帰陣を促され、六月二十一日に虚しく三河に引き返した。家康は手柄を取り損ねたのだ。

ある意味で、家康はもっとも京都に近かったかもしれないが、手勢が少なく直ちに光秀を討ち取ることはできなかった。家康は本国の三河に逃亡した印象が強く、一益と同様に出遅れた感は否めない。

清須会議の従来説

本能寺の変後、問題となったのが信長の後継者である。本来ならば、嫡男の信忠が継ぐべきなのだろうが、信忠も本能寺の変に巻き込まれて横死した。そこで、信長の後継者を決めるべく、天正十年（一五八二）六月二十七日に催されたとされるのが清須会議である（開催日は諸説ある）。「はじめに」で述べたとおり、清須会議なる名称は当時の史料にはなく、のちに付けられたものである。

最初に、従来説を確認しておこう。

清須会議に出席した織田家の重臣は、羽柴秀吉、柴田勝家、丹羽長秀、池田恒興の四人である。重臣の滝川一益は上野から伊勢に逃亡したので、参加できなかった。信長の後継者の候補としては、次男・信雄と三男・信孝の二人がいたが、三男の信孝を推したのが柴田勝家である。それに対し、光秀討伐に功があった秀吉は、信忠の嫡男で、当時まだ三歳だった三法師（のちの秀信）を擁立。丹羽長秀、池田恒興がこれに賛成した。次男の信雄が候補にあがらなかったのは、そもそも家督継承の資格がなく、同様に資格を欠いていた信孝とは違って推してくれる宿老がいなかったからだろう。信雄と信孝の二人に家督継承の資格がないというのは、嫡長でなかったこと、養子に出されていたことが理由となろう。

江戸時代に人気を博した『絵本太閤記』には、信孝を支持する勝家に対し、秀吉が三法師を抱いて諸大名の上座に現れる様子が描かれている。意表を突かれた他の三宿老は、秀吉と三法師に平伏せざるを得なかった。すでに三法師は秀吉になついており、秀吉の巧妙な筋書きで織田家の後継者が決まったような描写である。

その結果、織田家の家督は宿老衆の賛成多数で三法師が継いだものの、秀吉は所領配分の際も山城・丹波・河内の一部などを獲得した。事実上、秀吉は信長の後継者になり、丹羽長秀、池田恒興の二人の宿老は秀吉に籠絡された。

一方、勝家は秀吉の旧領である近江北部を獲得したに過ぎず、京都支配も秀吉が掌握したため、その立場は弱くなっていった。織田家の家督を継げなかった信孝も、秀吉に不満を抱いていた。信孝と勝家の二人が結託して秀吉に対抗するのは、さほど時間がかからなかった。秀吉は、巧みに信孝と勝家を陥れたのだ。

その後、秀吉は柴田勝家を討伐、信孝も死に追いやると、信雄を暫定的に織田家の家督に就けた。天正十二年の小牧・長久手の戦いでは、反抗した信雄と家康を封じ込め、天正十三年七月には関白に就任する。さらに四国、九州、小田原、奥州と討伐戦を繰り返し、秀吉はついに天下人となった。秀吉は清須会議で主導権を握り、それは天下人になるための重要な会議だったと評価されている。

ここまで述べた従来説の清須会議は、映画、テレビドラマ、小説などでおなじみのものであろう。しかし、それは江戸時代後期に成立した読本《よみほん》の『絵本太閤記』（武内確斎著、岡田玉山画）や二次史料に書かれたものをベースにしており、全面的に信が置けるものとはいえない。それは従来説というよりも、創作あるいは俗説といえるかもしれない。とにかく、以降は清須会議の根拠となった二次史料を取り上げ、いったい何が書かれていたのか探ってみよう。

『太閤記』から読む――秀吉側から見た治乱の記

最初に掲出するのは、小瀬甫庵《おぜほあん》の『太閤記《たいこうき》』（檜谷昭彦、江本裕校注『新日本古典文学大系60 太閤記』岩波書店）の記述である。以下、清須会議の様子を要約して記しておこう。

天正十年六月、秀吉は京都で明智一党を滅亡に追い込み、その遺骸を措置してから、清須の三法師（信忠の遺児）に目通りするために急いでいた。一方の勝家は越中での陣を引き上げて、弔い合戦のために上洛したが、明智一党が滅ぼされたとのことを知り、三法師に会うため、柳瀬（滋賀県長浜市）を経て清須に向かった。池田恒興・元助《もとすけ》父子、丹羽長秀、蜂屋頼隆、筒井順慶、そのほかの織田家の旧臣の面々も、織田家の家督の件で清須へと下向した。

織田家の家臣が一堂に会し、三法師に目通りすると、家臣らは殊勝なことに落涙した。そこで、三法師が十五歳になって元服するまで、領主がいなくなった国の領知配分について、次のとおり措置した。

①織田信雄――尾張国
②織田信孝――美濃国
③羽柴秀吉――丹波国
④柴田勝家――近江長浜（六万石）
⑤池田父子――大坂・兵庫・尼崎（十二万石）
⑥丹羽長秀――若狭国・近江国高島・志賀二郡
⑦滝川一益――北伊勢、及び五万石の加増
⑧蜂屋頼隆――三万石の加増

ある人が言うには、このほか空いたままの国（や所領）が多いのは、秀吉が思いのままにするためだったという。その後、三法師を安土に住まわせることとし、御守役に長谷川《はせがわ》与次《よじ》と前田《まえだ》玄以《げんい》を任じた。城領は三十万石で、信長の旧臣は信長・信忠の時代と同じく、互いに協力を固く誓って、それぞれの領国に下っていったという。

記述内容を確認する限り、われわれが知るドラマチックな清須会議の展開にはなっていない。三法師が家督を継ぐのは、既定路線だったように読める。秀吉が信雄・信孝兄弟や勝家と揉めた形跡はなく、領知配分に関しても、秀吉がリードしたようには書かれていない。強いて言うなら、秀吉が思いのままにするための措置だったと記されているくらいだ。

小瀬甫庵の『太閤記』は、寛永二年（一六二五）には成立したと考えられる。同書は太《おお》田牛一《たぎゅういち》の『大《たい》かうさまくんき《（ぐ）》のうち（太閤様軍記の内）』、大村由己《おおむらゆうこ》の『天正記』などを参考にしているが、儒教の教えの影響が強い。秀吉の治政を賛美し、秀吉の側から見た治乱の記であるが、誤りが少なくないなど問題も多く、歴史史料としては適さない。『太閤記』ではあえて秀吉と勝家の対立を描かず、自然に秀吉の思いどおりになったという作意がある。

『川角太閤記』から読む——三法師擁立の事情

清須会議の模様は、『川角《かわすみ》太閤記』（桑田忠親校注『戦国史料叢書1　太閤史料集』人物往来社）にも書かれている。こちらも内容を確認しておこう。

越前から柴田勝家が岐阜城（岐阜市）に伺候すると、織田信孝が神戸《かんべ》城（三重県鈴鹿市）から岐阜城に移っていたので、諸大名は岐阜に集まるよう命じられた。やがて相談することがあると触れられると、直ちに諸大名は岐阜城に集まった。秀吉も姫路を発って、岐阜城に到着した。佐々成政は勝家の意向もあり、上杉氏の押さえとして越中に止まった。

この記述によると、勝家がまず主導権を握り、諸大名が岐阜に集まったことになっている。会議の場所が岐阜城になっており、清須ではないことに注意すべきだ。

続きも確認しておこう。勝家は集まった諸大名に対して、「明日、天下人を誰にするのか相談するので、岐阜城に登城してほしい」と触れた。翌日、諸大名が岐阜城に集まると、勝家は「信長・信忠父子のことは残念だったが、めでたく天下人を定めて、上様と仰ぎ奉りたい」と申し述べた。諸大名はもっともなことだと思ったが、誰を信長の後継者に推すべきかを申し出る者はいなかった。

勝家は「信孝がしかるべきである」と申し出た。年齢といい、利発さといい、申し分はないという理由だった。すると、秀吉は「勝家の見立てはもっともだ」としたうえで、「筋を通すのならば、信忠の嫡男・三法師を跡目に据えるべきだ」と主張した。そして、「三法師は幼少とはいえ、織田一門、勝家をはじめ、仰ぎ奉らないものはいないだろう」

と説明した。

秀吉の主張の根本は、筋を通すということだった。筋を通すというのは、三法師が信忠の嫡男であり、織田家の家督を継ぐ優先権があるということだ。勝家は心のなかで不満を抱いていたが、決して顔色を変えなかった。ほかの大名衆は、何も言わず黙ったままだった。

しばらくして、口火を切ったのが丹羽長秀である。長秀は「信忠に嫡男がいなければ仕方がないが、たとえ娘であっても一門中と婚儀を取り交わして跡を継がせるべきだ」とし、「ましてや嫡男の三法師がいるのだから、織田家の家督を継がせるべきだ」と主張した。つまり、信忠の嫡男たる三法師に継がせるべきという結論だ。

秀吉も長秀の意見に賛意を示した。勝家以下の諸大名も、秀吉の言うことが正しいと思ったが、誰も何も言わなかった。すると秀吉は「自分がいたら意見も言いにくいだろう」と言い、別の部屋に行って休憩することにした。

秀吉が席を外したあと、再び主張したのが長秀である。長秀は、秀吉が光秀を討った功績を取り上げ、勝家ほどの人が光秀を討てなかったのは油断があったと申し述べた。勝家は言葉に詰まり、三法師に織田家の家督を継がせることを了承した。そして、秀吉に会議が終わったことを告げ、座敷に出るよう促したのである。

長秀は秀吉のもとに行って、「あなたの思うとおりになった、勝家も同意した」と告げた。秀吉は長秀とともに座敷に戻ると、勝家は「秀吉の言うことが、筋が通る」と述べ、「一同が三法師を跡目にすることで同意した」と述べた。秀吉は「よくよく考えたうえで」と申し出たが、勝家は「秀吉の言うことが然《しか》るべきである」と述べ、織田家の後継者の話は終わったのである。話の特徴としては、席を外した秀吉が主導権を握っていたが、あえて長秀に三法師の擁立を発言させた点だろう。また、秀吉の提案は筋が通るもので、勝家の提案は分が悪かった。

『川角太閤記』には、勝家が信孝を、また秀吉が三法師を、それぞれ家督に推した理由についても書かれている。

かつて勝家は、信孝の具足始《ぐそくはじめ》（元服してはじめて甲冑《かっちゅう》を着用すること）を担当した。以来、両者の関係は緊密になったという。さらに、信長の死後、お市《いち》（もと浅井長政《あざいながまさ》の妻で、信長の妹）の再婚先を探していたとき、勝家を再婚相手に勧めたのが信孝だった。勝家が信孝を家督に推したのには、そうした背景があった。

一方、本能寺で横死した信忠は若衆のとき、公家衆から恋慕されたことがあった。困っていた信忠に、秀吉は「私（＝秀吉）を目にかけていると信忠が言えば、ことが解決する」と助言した。つまり、すでに相手がいると言えば、公家が諦めるだろうということである。信忠がそのとおりにしたところ、問題が解決したという。二人が昵懇《じっこん》になったのは、そういう事情もあった。

その後、三法師に目通りする日について吉日をもって選び、四日後に決定した。ここで意外な事態が起こる。

御礼の次第の目録を作成したところ、秀吉からある申し出があった。それは「秀吉が信忠様から目を掛けられていたことは、各々もご存じのことだろう。そこで、三法師様のお守を仰せ付けてほしい。もう年なので別に望みもなく、信忠様へご奉公申し上げたいと思っていた。三法師様を亡き信忠様だと思い、奉公申し上げたい」というものだった。

秀吉の申し出に対して勝家が同意すると、諸大名も異議なく賛成した。結局、揉めるどころか、勝家以下の諸大名は秀吉の心意気に感じ入り、その言い分を認めて、それぞれの屋敷に戻ったというのである。この秀吉の提案もまた無理なものではなく、理にかなった発言である。

こうして秀吉は、三法師を抱いて後見人になった。『川角太閤記』には、「筑前守殿（秀吉）御気（機）転こそおそ（恐）ろしけれ」と書かれている。秀吉が三法師を抱き上げ、掌中に収めたのは、こうした展開によるものだった。秀吉は強引に三法師を推すのではなく、正論で話をまとめているのが特徴である。

改めて確認すると、会議の場面の描写には、池田恒興が出てこない。また、会議の場所も清須ではなく岐阜である。おまけに、勝家ら諸将があっさりと秀吉の主張に従っているのも、これまでの通説とはやや異なっている。

『川角太閤記』は、田中吉政《たなかよしまさ》に仕えた川角三郎右衛門《かわずみさぶろうえもん》の著作と考えられ、元和七～九年（一六二一～二三）頃に成立したという。文字どおり秀吉の一代記というよりも、先行する『信長公記』の内容を受けて、その後の歴史を書こうとしたものらしい。本文が本能寺の変から記述がはじまっているのは、その証《あかし》だろう。同書は変から約四十年後に執筆されたものの、実際には誤りも少なくなく、注意が必要な史料である。

『細川忠興軍功記』から読む――国割を急がせた秀吉

『細川忠興軍功記』（『続群書類従　第二十輯下』）には、『川角太閤記』などにはない情報が含まれている。

光秀の討伐後、清須で国割を行うべく、信雄、信孝、秀吉、長秀、恒興が参集し、勝家が到着するのを待っていた。勝家以外が着座したところ、秀吉は「勝家を待って国割をすべきだが、遅れているので、信雄様、信孝様、急いで国割を行ってください」と申し出た。その後、国割の議論が進み、勝家が到着した。

到着した勝家は、自分が不在の間に無断で国割をしたことに腹を立てた。勝家の抗議に対して秀吉は、「信長の敵を討ったのは私だ」と述べ、一笑に付した。その後、酒宴に移り、国割の件は一件落着したという。しかし、ここには、織田家の家督の問題は出てこない。あくまで、信雄と信孝の国割の問題だけである。同書では秀吉に国割の主導権があったことと、そして勝家の遅刻を強調している感がある。

『細川忠興軍功記』は寛文四年(一六六四)の成立で、内容は細川忠興の信長による四国征伐への従軍から、豊前《ぶぜん》中津(大分県中津市)に封ぜられるまでを叙した武功記である。内容は合戦の記述を中心とするが、前後の事情などにも詳しく、信憑性は比較的高いと考えられている。ただ、二次史料であるだけに、精査が必要であるのはいうまでもない。

『総見記』から読む――信雄・信孝の確執

『総見記』(『通俗日本全史　第七巻　織田軍記』早稲田大学出版部)では、信雄、信孝の出自や功績にまで踏み込んで、後継者問題を記している。

秀吉、勝家、長秀、恒興の四人は、清須城の会議で後継者を誰にすべきか、口々に意見を述べ合った。まず、信雄は信長の次男であるが、光秀討伐の功がない。一方、三男の信孝は光秀の討伐に功があった。二人は故あって不和であり、一方を立てると必ず争いになり、天下が乱れる。その宿意(以前から抱いている恨み)は、一朝一夕《いっちょういっせき》(わずかな期間)のことではなかったという。二人の宿意とは、母親をめぐるものである。

信忠と信雄は、母が信長の家臣・生駒家宗《いこまいえむね》の娘だった。しかし、信孝の母は坂《さか》氏の娘で、生駒氏に比べると身分が低い。加えて、信孝のほうが二十日ほど早く生まれたのだが、母の身分が低かったため、次男ではなく三男になったという事情もあった。このことを信孝は無念に思っていたという。信雄と信孝の確執の要因はここにあると言いたげである。

信長の旧臣らは、いずれに織田家の家督を継がせるべきか悩んだ。結果、幼少とはいえ信忠の嫡子で、また信長の嫡孫でもある三法師が、もっとも織田家の家督にふさわしいとの結論に至った。これならば、誰も争う必要がないと考えたのである。

次に検討したのは、幼い三法師を誰が支えるかということだった。そこで、信雄、信孝を三法師の後見とし、天下の政道（畿内の支配）は勝家、恒興、長秀、秀吉の四人が担当することになった、とある。

この記述を見る限り、織田家の家督は信雄と信孝が虎視眈々と狙っており、おまけに二人は仲が悪かったと書いている。そこで、三法師ならば織田家の家督にふさわしく、揉めることはないだろうというのが結論だ。ほかの二次史料とは違った内容になっており、信孝と三法師のそれぞれを推す勝家と秀吉の争いについては書かれていない。

『総見記（『織田軍記』とも）』は遠山信春《とおやまのぶはる》の著作で、貞享二年（一六八五）頃に成立したという。甫庵の『信長記』をもとに、増補・考証したものである。そもそも史料性の低い甫庵の『信長記』を下敷きにしているので、非常に誤りが多く、史料的な価値はかなり低いと指摘されている。同書の記述内容は母の出自にまで踏み込んで書いているが、史実か否か不明であり、安易に信じることはできない。

『惟任謀叛記』から読む——清須会議の議事録的史料

『惟任謀叛記《これとうむほんき》』（桑田忠親校注『戦国史料叢書1　太閤史料集』人物往来社）には、織田家の家督継承問題について、次のように書かれている（現代語訳）。

信忠の嫡男・三法師を天下の主君（織田家の家督）に定め、信雄に尾張国を、信孝に美濃国をそれぞれ与える。また羽柴秀吉、柴田勝家、丹羽長秀、池田恒興の四人をして、政務を担当させる。忠節を尽くした者には、知行を分けて分国を定め、互いに誓詞を交わしてから各々は帰国した。

同じ趣旨のことは、『豊鑑《とよかがみ》』『丹羽家譜』『池田氏家譜集成』にも書かれており、とくに勝家と秀吉が揉めたとか、信雄と信孝が揉めたとかには触れていない。つまり、清須会議での検討結果を端的に述べたに過ぎないのである。が、結論としては正しいことを書いている。

豊臣秀吉の御伽衆《おとぎしゅう》（主人の側で話や書物の講釈をする役）・大村由己の手になる『惟任謀

叛記』は『惟任退治記』（『続群書類従第二十輯下』）ともいわれ、天正五〜十八年（一五七七〜九〇）に成立した秀吉の伝記『天正記』の一部に含まれている。同書は秀吉の命によって書かれたので、秀吉にとって不利なことは書かれておらず、その点は注意すべきである。

ここまでの二次史料の記述を一覧すると、おおよそ、次の点は共通しているようだ。

①織田家の家督は、三法師が継承する。
②信雄に尾張国を与える。
③信孝に美濃国を与える。
④秀吉、勝家、長秀、恒興の四人が政務を差配する。

従来説（あるいは創作、俗説）でいわれるような信雄と信孝の家督争い、そして秀吉と勝家の確執については、多少は書かれているが、私たちが知るような劇的なものではない。それらは、『絵本太閤記』のような江戸時代の創作物や二次史料をもとにして、歴史小説、ドラマ、映画などで誇張されたものではないだろうか。したがって、清須会議の真相については、改めて一次史料に基づいて考える必要がある。

『イエズス会日本年報』から読む——布教に有利な後継者は誰か

次に、二次史料ではないが、『イエズス会日本年報』（『耶蘇会日本年報』）の記述より、関係する箇所を確認しておこう。『イエズス会日本年報』は、在日したイエズス会宣教師がローマ本部に提出した日本の国内事情、布教状況に関する報告書である。

『イエズス会日本年報』によると、諸大名らは信長の後継者を決めるべく都に集まったが、いまだに誰にすべきか決定していなかった。多くの人は信孝が後継者になり、信忠の嫡男・三法師が成人するまでは、それがよいだろうと考えていた、とある。この点は、日本側の史料にはない記述で、実に興味深い。

実は、問題はここからである。続けて報告書では、信孝が信長の後継者になれば、キリスト教の布教が円滑に進むと書いている。信孝はキリスト教に理解を示していたと考えられ、『イエズス会日本年報』では常に賛辞の言葉が贈られていた。逆に、信長についてはよく書かれておらず、その死は「天罰である」とまで書かれている。

『イエズス会日本年報』に「多くの人は信孝が後継者にふさわしいと述べている」と書かれているのは、布教を有利に進めるための単なる希望であって、実際は何ら根拠がなく、事実ではない可能性がある。『イエズス会日本年報』は、本国のポルトガルに送られたのだから、できるだけ都合のよいことを報告していたのだろう。

清須会議については秀吉が主導して行ったとし、三法師を織田家の後継者として、信雄を後見人にしたと記している。しかし、それは表面的なことで、秀吉はすべての支配を行い、信雄を屈服させて、勝家、恒興、長秀らと分国の配置などを行ったとし、その前段には秀吉が優勢であるとも書かれている。しかし、次章で述べるように実際には三法師の後見人を立てていなかったわけで、必ずしも正確な記述とは言えない。

『日本教会史』から読む――秀吉の策謀

『日本教会史』にも、清須会議についての記述がある。著者はジャン・クラッセといい、フランス生まれのイエズス会宣教師である。同書は、クラッセが、フランソワ・ソリエーのまとめた教会史をもとに、その後の鎖国体制の確立後、日本での宣教が途絶えるまでをつづったもので、一六八九年にパリで刊行された。後世に成った書であることには注意すべきだろう。

『日本教会史』によると、信長の後継者をめぐっては、信雄は才覚が乏しく、信孝は勇気があるものの、兵力がなく財産が乏しい、とある。いずれも織田家の家督にはふさわしくないと言いたいのだろう。秀吉は自らが主となるべく、諸大名の心を推し量ったところ、彼らが自らに服従することを知った。そこで、秀吉は幼い信忠の嫡男・三法師を家督に据え、自らが後見人となった。いずれは自らが織田家に取って代わるためだった。しかし、信孝は秀吉の策謀を知り、敵対したと書かれている。だが、秀吉が後見人になったというのは誤りである。

諸書の内容は必ずしも一致しないが、キリスト教関係者は一連の動きを秀吉の策謀とみなしていたことが明らかである。天正十五年（一五八七）六月、秀吉は伴天連追放令を発布したので、キリシタンは窮地に追い込まれた。後世に成った『日本教会史』は、秀吉に良い印象を持たず書かれたのではないだろうか。

天下人を継ぐはずだった嫡男・信忠の死

ここで、改めて検討しておきたいのが、信雄と信孝との関係である。そのためにもまずは信雄と信孝の兄にあたる、嫡男・信忠の来歴を取り上げておきたい。

弘治三年（一五五七）、信忠は織田信長の長男として誕生する。母は生駒氏の娘。元亀三年（一五七二）一月、岐阜城で元服して信重《のぶしげ》と名乗った（のちに信忠と改名）。同年七月、浅井氏の近江小谷城《おだにじょう》（滋賀県長浜市）に出陣したのが初陣《ういじん》である。天正三年（一五七五）、長篠の戦い後の十一月、信忠は美濃岩村城（岐阜県恵那市）を攻略した軍功により、秋田《あきた》城介《じょうのすけ》に任じられた。秋田城介とは、古代における秋田城鎮衛司令官のことである。平安後期には空職化したが、武門の名誉として織豊期まで重んじられた。

同年十一月二十八日、信忠は信長から織田家の家督を譲られ、岐阜城主となった。同時に、尾張・美濃を任された。おそらく信長は自らが天下人としての役割を果たし、信忠を織田家の後継者とすべく、美濃と尾張の支配を任せたのだろう。のちに述べるように、信長の時代の「天下」とは、将軍が管轄する京都を中心とする世界であり、天下人とは畿内支配を差配する、より大きな権限を持っていた。

天正五年十月、信忠は松永久秀《まつながひさひで》が籠る大和信貴山城《しぎさんじょう》（奈良県平群町《へぐりちょう》）を落とし、従三位左近衛権中将に任じられた。近衛中将は将軍家が左馬頭の次に任官するもので、大きな意義が認められた。信忠の扱いは将軍並みだったのだ。

翌天正六年四月、信長は右大臣兼右近衛大将の職を辞し、天下統一に専念することになる。注意すべきは、位階としては正二位に留まったことで、それは将来の任官を含んでいたことを意味する。信長は自身の代わりに、信忠に顕職《けんしょく》（高い官職）を与えてほしいと要望していた。これにより、信忠は名実ともに織田家の後継者としての地位を不動のものにしたといえる。ただし、こののち、信忠に対する顕職の授与は実現していない。

天正十年二、三月の武田氏討伐で、信忠は総大将として勝利を収める。その結果、信忠配下の河尻秀隆《かわじりひでたか》、森長可《もりながよし》、毛利長秀《もうりながひで》が甲斐、信濃に知行を与えられ、間接的ではあるが、その支配領域が拡大した。『信長公記』によると、同時に信長は信忠に天下を任せる意を表明している。嫡男たる信忠が織田家の家督に加え、天下人の座を継ぐのは間近だった。このように信忠は、順調に信長の後継者として地歩を固めていたが、天正十年六月の本能寺の変で横死したのである。

光秀を討てなかった次男・信雄

永禄元年（一五五八）、信雄は織田信長の次男として誕生した。初名は具豊《ともとよ》で、のちに信雄と改名した。母は信忠と同じ生駒氏の娘である。

永禄十二年、信長が伊勢の北畠具教《きたばたけとものり》・具房《ともふさ》父子を大河内城（三重県松阪市）に攻めた際、信雄を具房の養子にする約束で和睦した。以後、信忠は北畠氏を称したのである。

信雄が北畠氏の養子に送り込まれたのは、信忠が織田家の家督後継者に事実上決まっていたので、その芽がなかったからだろう。また、信長が伊勢を重視していたのは明らかで、家臣ではなく実子を送り込み、盤石な体制を築きたかったからだと考えられる。それは、後述する信孝も同じで、伊勢の神戸《かんべ》氏の養子に送り込まれた。

天正四年（一五七六）十一月、信雄は信長の意を受けて北畠一族を粛清。その後は、兄・信忠のもとで、大坂本願寺攻め、三木城攻め、有岡城攻めに出陣した。信忠の配下に組み込まれたのは、信雄が次男であるがゆえだった。

天正七年九月、信雄は信長に無断で伊賀に攻め込み失敗、信長から譴責《けんせき》された。伊賀の制圧に成功したのは、二年後の天正九年九月のことである。

天正十年六月に本能寺の変が起こった際、信雄は居城の松ヶ島城（三重県松阪市）にいた。凶報を知った信雄は、直ちに軍勢を率いて伊賀を越え、近江土山（滋賀県甲賀市）に至った。しかし、伊賀の国衆が不穏な動きを見せており、さらに光秀と戦うには軍勢が少なかったこともあり、上洛を諦めたという。信雄は光秀を討伐することができず、信孝の後塵を拝したといえるのかもしれない。

光秀討伐の軍功は三男・信孝に

永禄元年(一五五八)、信孝は織田信長の三男として誕生した。母は坂氏の娘で、すでに触れたとおり、信雄よりも二十余日早く誕生したが、母の身分が低かったので、三男の座に甘んじたといわれている。

永禄十一年二月、信長が北伊勢を制圧したことに伴い、信孝は神戸《かんべ》具盛《とももり》の養子となり、神戸氏を称した。元亀元年(一五七〇)頃になると、信孝は不和になった具盛を追放。神戸家臣団の粛清も行った。こうして信孝は名実ともに神戸家の当主となり、のちに伊勢・関《せき》氏の亀山(三重県亀山市)も併呑した。

信孝の初陣は、天正二年七月の伊勢長島一向一揆の討伐だったといわれている。この戦いにより、滝川一益が北伊勢四郡を支配し、残りを信雄、信孝、信包《のぶかね》(信長の弟)が分割して統治することになった。以後、信孝は兄の信忠に従い、越前一向一揆の討伐、三木城攻め、有岡城攻めに出陣した。

天正十年六月に本能寺の変が起こったとき、信孝は四国征伐のため、丹羽長秀ら諸将とともに住吉(大阪市住吉区)に着陣していた。その後、信孝は秀吉の軍勢と合流し、山崎の戦いで光秀の軍勢を打ち破った。これによって、信孝は秀吉と並び、光秀討伐の一番の軍功を挙げたのである。

このように見てくると、後継者問題で、信雄は信孝に後れを取ったようにも思える。しかし、本能寺の変勃発以前において、二人の兄弟に確執があったという一次史料はない。二次史料の記述だけで、両者の確執を所与の前提とするのには、いささか躊躇するところである（この点は次章で触れる）。はたして、清須会議の実態とはどういうものだったのか。次章では、関連する一次史料に基づき、検証を行うことにしよう。

「天下」が意味するもの

本章の最後で、ここまでたびたび登場してきた「天下」という言葉についても触れておきたい。

そもそも「天下」とは、古代中国で誕生した世界観を表現する言葉で、天命を受けた天子が「天の下」を支配するという考え方を表している。もう少し具体的に言うと、「天下」とは至上の人格神「天」が統治する全世界のことを意味する。加えて、天子となった有徳《うとく》の為政者が天命を受け、「天」に代わって支配する世界をも示した。その世界を「王土」という。

この場合、有徳の為政者、つまり「徳行の優れた政治家」ということがポイントである。となると、撫民仁政（民をいたわり、思いやりのある政治）を忘れた不徳の天子が登場し、悪政を行った場合はどうなるか。そのときは天命が革《あらた》まり、新たな天子が現れ、再び「天下」的な世界が編成されるといわれている。これを「易姓革命《えきせいかくめい》」という。要するに、悪い政治を行った為政者は放逐されても仕方がないということだ。

日本において「天下」という言葉は、五世紀頃から確認することができる。埼玉県行田《ぎょうだ》市の稲荷山古墳から出土した金錯銘鉄剣《きんさくめいてっけん》にも、熊本県和水町《なごみまち》の江田船山古墳から出土した銀象嵌銘大刀《ぎんぞうがんめいたち》にも、「治天下」の語を見ることができる。おそらく、この頃までには「天下」という概念が日本に伝わっていたと考えられる。

ところが、中世以降、「天下」の意味は少しずつ変化を遂げる。古代では朝廷が日本を支配していたが、中世に武士が台頭し幕府を開くと、政権を担うイデオロギーが必要になった。その際、「天下」あるいは「天道（天の道理）」という考え方は、朝廷を相対化するうえで有効な思想となったのだ。

鎌倉幕府から室町幕府に政権が交代すると、「天下」という考え方は政権交代を正当化する理念となった（「易姓革命」）。さらに戦国時代以降になると、「天下」は「日本全国」、全国支配の拠点である「京都」、また信長・秀吉・家康といった「権力者（天下人）」を示す言葉になっていく。

注意すべきは、「天下」が「日本全国」だけでなく「京都」を意味したということである。近年において、信長がいうところの「天下」とは、「日本全国」ではないことが指摘されている。その点をもう少し考えてみたい。

信長にとっての天下とは

近年の研究によって、信長の時代における「天下」とは、将軍が支配する「畿内」を示し、それが共通認識であったことが明らかになっている。それによると、「天下」の意味は次の四つに集約できるという。

①地理的空間においては、京都を中核とする世界。
②足利義昭や織田信長など、特定の個人を離れた存在。
③大名の管轄する「国」とは区別される、将軍の管轄領域。

④広く注目を集め、「輿論《よろん》」を形成する公的な場。

この場合、①と③は同じ意味であることは明白であり、ここまで挙げてきた例とも一致する。当時においては、「天下」が「日本全国」を意味する例は少なく、その点については次のように説明されている。

信長は「天下布武」と刻印された朱印を用い、文書を発給していた。しかし、この「天下布武」が、従来の「全国統一」を意味するものならば、受け取った大名にとっては、宣戦布告と受け取らざるを得ない。わざわざ信長が敵を作るようなことをしたとは、到底考えられない、という解釈である。

永禄十一年（一五六八）、信長は義昭を推戴して上洛し、畿内を平定すべく戦いに明け暮れた。結果、畿内に平和と秩序が戻り、「天下」が安泰になったといえよう。

こうした点を踏まえて考えるならば、信長が「畿内」を平定することを一義に置いており、それを阻む勢力は徹底抗戦で退けようとしたのは疑いない。そして、見事に信長は敵対する勢力に打ち勝った。

天正元年（一五七三）、信長は将軍・足利義昭と袂《たもと》を分かつことになる。義昭は各地の大名に支援を求め、「信長包囲網」を形成する。このとき義昭が目論んだのは、上洛と室町幕府の再興だった。上洛と幕府の再興は、義昭にとっての「天下」を意味しよう。

しかし、義昭が上洛し畿内を制圧したならば、「天下（＝畿内）」は再び乱れてしまう。天正八年から信長は「天下一統」という言葉を用いるが、それは義昭に与《くみ》する諸大名を討伐し、「信長包囲網」を崩壊させ、同時に義昭の上洛を阻止することによって、「天下（＝畿内）」の静謐を図ることを意味していた。

このように考えるならば、信長は必ずしも「全国統一」という意味での「天下統一」を目論んでいなかったようだ。逆に、幕府や朝廷を温存し、京都を中心とした畿内に平和をもたらそうと努力した様子がうかがえる。そうなると、我々が抱いている信長＝全国統一という考え方は、改められなくてはならないだろう。

ちなみに「天下」が「全国統一」を意味するようになるのは、豊臣秀吉の時代（天正年間末期）になってからである。江戸時代初期以降になると、逆に天下は京都および畿内を意味しなくなると指摘されている。したがって、本書で取り上げる「天下」とは、とくに断らないかぎり、将軍が支配する「畿内」を意味することをご理解いただきたい。

第二章

清須会議の真相と新たな政治体制

上：柴田勝家／下：羽柴（豊臣）秀吉
（『本朝百将伝』国立国会図書館デジタルコレクション）

『多聞院日記』の記述――天下の差配は五人で

前章では、主に二次史料における清須会議の内容、そして信雄・信孝兄弟や、秀吉ら諸大名の動きを見てきた。諸書によって少しずつ記述内容が異なり、いささか混乱するばかりであるが、本章では一次史料を軸にしながら、改めて清須会議の実態、ならびにその後の展開を確認しよう。

『多聞院《たもんいん》日記』には、清須会議の記述がある。同書は、文明十年（一四七八）から元和三年（一六一七）まで百三十九年間にわたって書き継がれた、奈良興福寺多聞院主の日記である。当該部分を著したのは多聞院英俊《えいしゅん》。英俊が直接見聞きしたというよりは、伝聞の情報が多い。

同書の天正十年（一五八二）六月二十九日条には、興福寺大乗院の門跡尋憲《じんけん》が安土から帰還したことに触れている。そこには、信雄と信孝の間には確執が生じており、互いの軍勢が退かない状況にあったと書かれている。おそらく尋憲の情報であると思われるが、確執の具体的な内容は不明である。ただ『多聞院日記』の記述により、二人が本能寺の変後に仲違いしていた事実が明らかになった。

同書の天正十年七月六日条には、天下の差配について、勝家、秀吉、長秀、恒興、堀秀政《ほりひでまさ》の五人で分かち取る、つまり分担すると書かれている。これまでの四人に、ここで堀秀政が加わった。信長の子供（信雄、信孝）については、「詮《せん》に立たず（浅ましい）」と書かれている。信雄、信孝は重要なときに争っていて、どうしようもなく浅ましいという意味である。

堀秀政は元亀年間（一五七〇～七三）から信長の側近として活躍し、厚い信頼を得ていた人物で、その力量は秀吉や勝家を上回るほどだったという。天正七年以後は、信長の副状《そえじょう》（侍臣が主人の書状の内容を詳しく記し添えた書状）を発給し、使者として外交にも携わり、馬廻衆を統率する立場にあった。本能寺の変に際しては、信孝・秀吉とともに、山崎の戦いに出陣している。のちに触れるとおり、秀政は実際に政務に携わっていないので、この場合は三法師のお供としての参与と考えられる。

同書の天正十年七月七日条には、信雄と信孝が争っているので、二人が三法師の名代を務めるのは取りやめになり、信雄は伊勢と尾張、信孝は美濃、信包（信長の弟）は伊賀をそれぞれ拝領したとある。しかし、信包が伊賀を拝領したとの記述には、のちになって同書の執筆箇所に「ウソ（嘘）」と注記されている。間違いだったということだ。

続けて、勝家は近江長浜に二十万石、秀政は三法師のお守の経費を賄うため近江中郡に二十万石、長秀は近江高島郡、志賀郡、恒興は摂津大坂を与えられたことが記されている。秀吉は山城・丹波（丹波は弟の秀長《ひでなが》が支配）の両国と河内東部を獲得し、「ハシハカマ、ノ（羽柴がままの）様也」つまり「秀吉の思うようになった」のである。秀吉が天下人の差配する山城を獲得したことは、非常に重みがあったと考えられる。

そして、三法師の名代は置かず、勝家、秀吉、長秀、恒興、堀秀政の五人で守り立てることを確認している。本来、天下の差配は三法師が行うべきであるが、幼少で実行が不可能なうえに、信雄・信孝の兄弟は争っていて名代になれなかった。そこで、勝家ら五人が合議して、その任を行うことになったのである。

『多聞院日記』の記述はかなり正確であるが、信雄と信孝が何を争っていたのか書かれていない。しかし、次に取り上げる「金井文書」により明らかになる。

「金井文書」などの記述——名代を争った信雄と信孝

次に、天正十年に比定される、十月十八日付の秀吉書状写（「金井文書」）を取り上げる（「浅野家文書」にも写しがある）。この書状は、のちに秀吉と信孝が対立した際、秀吉が自身の正しさを説明すべく、信孝の家臣の斎藤玄蕃允《さいとうげんばのじょう》・岡本良勝《おかもとよしかつ》の二人宛に送ったものである。その冒頭部分には、清須会議にかかわる内容が含まれている。

信孝様、信雄様のお二人が御名代を争われたとき、どちらを御名代に立てるべきか、宿老たちが清須で相談したところ、信忠様の子(三法師)を擁立し、宿老たちが守《も》り立てると定めました。信孝様、信雄様のお考えを尋ねたところ、「それでよい」との仰せだったので、四人の宿老はそのようにしたのです。そこで、御誓紙を証拠として、清須から岐阜へお供し、信孝様に三法師様を預けたのです。

この記述を見る限り、信孝と信雄が争っていたのは、三法師の名代にいずれがなるかだった。結局、信雄、信孝のいずれも名代に立てず、四人の宿老が三法師を守り立てることを認めていたことが判明する。決定に際しては誓紙を交わしており、決して口約束ではなかった。以上の点は、先に掲出した『多聞院日記』の内容とも矛盾しない。そして、この秀吉書状の続きの記述によると、信孝に三法師に預けたものの、信孝が安土への引き渡しを拒んでいた様子がうかがえる。

なお、この史料中には、信雄・信孝そのほか家康の誓紙、そして宿老の書状以下は、将来に備えて秀吉が保管していたと書かれている。家康は宿老ではなかったが、誓紙の提出を求められていた。織田家と宿老衆にとって、家康は無視できない存在だった。さらに、勝家と秀吉の間に確執が生じたことは、誓紙血判に反するとあるので、清須会議の決定事項の詳細については、誓紙血判を差し出して互いに了承していたことがわかる。ただ残念なことに、肝心の誓紙は残っていない。

養子・秀勝の存在

さらにこの書状で、秀吉は「ご存じのとおり、次《つぎ》（秀勝《ひでかつ》）は十五、六歳になる立派な武士で、織田家の主にすれば人は笑わないかもしれないが、私が養子にしたので、主にすることは人がたとえ言ったとしても、それはないことだと諦めている」と述べている（「金井文書」）。世上では、次が織田家の家督を継ぐとの風聞が流れていたのであろうか。

秀吉は養子である秀勝（信長の四男）が織田家の家督を継ぐことはあり得ないと主張することによって、信孝の猜疑心を払い、三法師を安土に帰還させようとしたのだろう。逆にいえば、信孝は、秀吉が秀勝に織田家の家督を継がせるのではないかと、強い疑念を持っていたといえるのではないか。信孝は、秀吉の存在を脅威と感じていた。

ここで、秀吉の養子・秀勝について少し触れておこう。

秀吉には、生年および母親が不詳ながら、石松丸《いしまつまる》（秀勝）なる一子がいたという。石松丸の母については、秀吉の側室・南殿《みなみ》、同じく於葉《およう》の方、同じく松の丸《まつまる》殿という説があるが、いずれも確証はない。石松丸が秀吉の実子であるか否かについては議論があるが、天正四年（一五七六）十月に没した。

石松丸亡き後、秀吉は信長に願い出て、四男の次（秀勝）をもらい受けたという。この間の事情についても諸説ある。秀吉の妻・おねは信長に次を養子にしたいと懇願し、織田家の血筋を取り入れることによって、家中の安泰を図ろうとしたという説がある。主君の信長との関係が強まるのだから、次を養子に迎えることは、秀吉にとって悪い話ではない。

次が養子になったのは、天正五年または同六年だったといわれている。先述のとおり、天正十年の時点で「十五、六」と書かれていることから、秀勝の誕生年は永禄十一年（一五六八）前後であると考えられる。

天正九年以降、次は多忙な秀吉の権限を一部代行し、近江長浜領に文書を発給した。こうした例を見る限り、秀吉が「立派な武士になった」と述べているのは、決して誇張ではないだろう。実子がなかった秀吉は、次を自身の後継者にと考えたに違いない。

「若君様」の意味

光秀が討伐された六月十三日から清須会議が開催されるまでの間、諸将はどのように動いたのだろうか。まずは、堺から這う這うの体で三河へ帰国した家康である。

天正十年（一五八二）に比定される六月十四日付の徳川家康書状写（佐藤秀方《さとうひでかた》宛）には、信長が横死したことを受けて、「若君様（三法師）がいらっしゃるので、供奉《ぐぶ》して上洛する」との一文がある（『譜牒余録《ふちょうよろく》』）。本能寺の変が勃発し、堺にいた家康は命からがら三河へ帰国した。家康は名誉挽回すべく、清須にいた三法師を擁して上洛しようとしたのである。

この一文により、三法師は幼子だったが、天下人たる織田家の家督を継ぐべき若君様であったとする考え方がある。だが、たしかに若君様には「幼い主君」の意があるが、一方で単に「身分の高い、若い男性を敬っていう語」でもある。

この場合の「若君様」は、織田家の「家督を継ぐべき」というよりも「身分の高い若い男性」の意味合いが強いのではないだろうか。家康が単独で光秀を討つよりも、織田家の血を引く三法師を擁したほうが、信長・信忠父子の弔い合戦として味方を集めやすかったのである。家康は光秀討伐の正当性を担保すべく三法師を擁立し、若君という敬った言葉を使ったに過ぎない。

そう考えると、家康書状の「若君」に、織田家の「家督を継ぐべき」という意味を持たせる必要はない。ここでいう若君とは、家康が用いた三法師の敬称に過ぎないだろう。

清須会議までの体制

では、清須会議前の状況を、秀吉の動きを中心に確認することにしよう。

注目すべきは、天正十年六月十九日に発給された、秀吉と次（秀勝）の連署した知行宛《ちぎょうあて》行状《がいじょう》（広瀬兵庫助宛《ひろせひょうごのすけ》）である（「古裂会《こぎれかい》」七二号所収文書）。この史料によれば、安土城から女房衆が脱出する際に広瀬氏が協力したことに対し、「忠恩」（忠節を尽くした恩賞）として近江国内に五百石の知行を与えたことがわかる。宛先の広瀬兵庫助は、美濃広瀬村（岐阜県揖斐川町《いびがわちょう》）出身の土豪である。

この史料には、日下《にっか》（日付の下）に秀吉の署名と花押が据えられ、その右側の不自然な位置に「次」の名と花押がある。実質的には秀吉自身が発給し、申し訳程度に織田家の血筋の秀勝の署名と花押が据えられているように見える。この時点において秀吉が自ら単独での知行宛行を憚《はばか》ったのか、秀勝の署判を加えて知行を与えるという、窮余の策だったと考えられる。いずれにしても、秀吉は秀勝に流れる織田家の血筋を尊重していたようだ。

同年に比定される秀吉・長秀の連署状は、郡《ぐん》和和泉守に宛てたものである（『松濤棹筆《しょうとうとうひつ》』）。内容は、郡和氏が安土城にいたと考えられる津田又十郎《つだまたじゅうろう》（長利《ながとし》）の女房衆を保護したようで、こちらに送り届けてほしいと依頼したものである。

津田長利は信長の弟で、本能寺の変で戦死した。秀吉が女房衆の保護に奔走したことは、その後の展開を考えるうえで興味深い。織田家の女房衆の救出は喫緊の課題であり、それもまた大きな功績あるいはアピールポイントになった。

秀吉は信孝とともに、美濃国内で禁制を発給した。美濃立政寺《りゅうしょうじ》（岐阜市）には、信孝（署名は三七郎《さんしちろう》）が三カ条の禁制を与え、副状のような形で秀吉も六月二十三日付で同趣旨の禁制を発給した（「立政寺文書」）。同様の信孝の禁制は、大寶寺《だいほうじ》、常在寺、千手堂（以上、岐阜市）にも発給された。副状が付くというのは、山崎の戦いの流れの延長で、秀吉が信孝のもとに従っていたことを意味している。秀吉の副状が付いたのは、寺院の要望によるものだろう。信孝の禁制だけでは不安なので、実力者である秀吉の副状を欲したのだ。

同年六月二十一日以降、秀吉は織田氏の拠点である尾張、美濃に急行し、平定したあとは近江に討ち入り、さらに上洛して信長の葬儀を行う予定だった（「古今消息集」「長浜城歴史博物館所蔵文書」）。

こうした一連の動きを見る限り、信長没後の織田家中において、秀吉は主導権を握っていたと思われる。秀吉が早々に織田領国の混乱を鎮め、信長の葬儀を行うべくイニシアティブを取ろうとしていたのは疑いない。一連の動きを見た信孝は、やがて秀吉を脅威に感じたのだろう。

先述した『多聞院日記』にもあったとおり、清須会議の決定も含めて、秀吉の思いどおりになったというのは、あながち否定できないのである。

もうひとつ、天正十年に比定される、六月二十六日付の秀吉書状（滝川一益宛）も見ておこう（「大阪城天守閣所蔵文書」）。同書状には、秀吉が六月二十一日に尾張・美濃に赴き、人質を確実に徴収したことで、以前のように平静になったと書かれている。尾張・美濃は織田領国だったが、本能寺の変による混乱が続いていたのだろう。信雄や信孝には、手に負えなかったと考えられる。

秀吉は手が空いたので、清須城に逗留して、国の置目《おきめ》（掟・法律）を申し付けたとある。

この場合の「国」とは、尾張国（あるいは美濃も含むか）を指していると考えられ、この時点で、秀吉には織田領国の争乱を鎮めるだけの実力を保持していたことになり、信孝が秀吉を恐れるのは理解できなくもない。秀吉が清須会議で主導権を握ったのは、自明のことだったのかもしれない。

清須会議と宿老四人体制

天正十年六月二十七日には、勝家、恒興、秀吉、長秀の織田家宿老四人が連署した文書が発給されている。なかでも重要なのは、上下京中宛文書の存在である（「小西康夫氏所蔵文書」）。ここには、信雄・信忠が相論に及んだので、宿老たちが信忠の嫡男・三法師を守り立て、天下の儀を差配すると記されている。この記述内容からも、先に示した「金井文書」中の秀吉書状の内容がたしかなことが判明する。

とはいえ、四人の連署状は、同日付のものがわずかに四通しか残っていない。残りの三通は、すべて知行宛行状である。つまり、宿老体制が発足したとはいえ、その実態はわかりづらいのである。以下、残りの三通を見ておこう。

一通は蒲生忠三郎《がもうただざぶろう》（氏郷《うじさと》）宛で、近江国佐久間分（滋賀県近江八幡市）のうちに一万石を与えたものだ（「本居宣長記念館所蔵文書」）。蒲生氏は本能寺の変の際、安土城内の女房衆を逃がすなど多大な貢献をした。しかも、同年六月十八日から九月三日の間にかけて、父の賢秀《かたひで》は氏郷に家督を譲ったという。そう考えるならば、家督を譲られた氏郷に対し、父の代わりに恩賞として与えたのだろう。

もう一通は高山右近宛で、能勢郡のうちに三千石、近江国佐久間分のうちに千石、計四千石を知行として給与したものである（「塚本文書」）。右近は山崎の戦いで軍功を挙げたが、宿老衆には列していなかった。とはいえ、貢献があったのはたしかなので、恩賞を与えたと考えられる。蒲生、高山の両氏に与えられた「佐久間分」とは、天正八年に信長が追放した佐久間信盛《さくまのぶもり》の旧領だろう。

最後の一通は堀久太郎《ほりきゅうたろう》（秀政）宛で、近江国坂田郡に台所入（直轄領）として、二万五千石を給与したものである（「延岡堀文書」）。それは、もともと織田家の直轄領だったのだろうか。小瀬甫庵の『太閤記』には、秀政に近江国内の三万石を与えたとある。「先々のごとく手長あり、運上あるべし」とあるので、三法師のお守を任せられた秀政への養育費的な意味があったと考えられる。

宿老体制が発足したとはいえ、四人がずっと文書を発給し続けたわけではない。清須会議での決定事項は誓紙にしたためられた。それを受けて、天下（＝畿内）の差配をすることを上下京中に伝え、宿老以外の者の軍功に報いるべく、取り急ぎ恩賞を与えたというのが実態だろう。したがって、実態が見えづらい宿老体制を過大評価するのではなく、主導権を握った秀吉に着目すべきなのは自明である。むろん、史料の残存度の問題もあり、ほかにも宿老四人の連署した文書が発給された可能性は捨てきれない。

清須会議の実態

清須会議の内実について、改めて一次史料の情報をもとにして検討してきたが、整理すると、おおむね次のようになるだろう。

信長の死後、嫡男・信忠の遺児・三法師（信長の嫡孫）が織田家の家督を継ぐことは既定路線であった。だが当時、数え年で三歳の三法師が自ら政務を執ることは不可能である。そこで、三法師が元服するまでの期間を目途として、信雄と信孝のいずれかが名代となる必要があった。つまり、問題になったのは、三法師の名代を誰に任せるか、である。信雄と信孝が争ったのは、三法師の名代としての地位であり、信長の後継者となるべく、織田家の家督を争ったわけではない。

二人は名代の地位をめぐって争い、互いに譲ることがなかったので、織田家の宿老だった秀吉、勝家、恒興、長秀が仲介に入った。最終的に四人が天下の政務を執ることによって、三法師を支えることになり、堀秀政が三法師のお守役を担当した。信雄と信孝はこれに納得して分国の配分を行い、その証拠として誓紙が交わされたのである。それは『多聞院日記』にもあるとおり、秀吉の思いどおりになったのである。

あとになって、信孝はどうしても納得できなくなり、秀吉との関係が悪化する。信孝は秀吉に対抗すべく、預かった三法師を安土に戻さなかったのだ。秀吉は信孝との関係を修復するため、先の「金井文書」のなかで、三法師を擁立した経緯、宿老が三法師を守り立てることを信孝が了解したことを改めて説明したのである。さらに、養子の秀勝を織田家の家督に据えることもないと明言した。つまり、宿老体制が強調されがちだが、秀吉の突出した存在に注意しなくてはならない。

ただ、残念なことに、清須会議がいつ行われたのかについては判然としない。『多聞院日記』には、天正十年六月二十九日条に信雄と信孝が争っている記事があるので、少なくともそれ以前から二人が揉めていたのはたしかである。先に取り上げた「小西康夫氏所蔵文書」中の勝家ら連署状の日付は、六月二十七日である。

同じく「大阪城天守閣所蔵文書」中の秀吉書状の日付は六月二十六日であり、秀吉が二十一日に清須城に向かったという記述がある。したがって清須会議は、秀吉が尾張清須城に入った六月二十一日から二十六日の間に開催されたと考えられる。あるいは、六月二十七日に開催され、すぐに秀吉ら宿老衆の連書状が発給された可能性も否定できない。

もうひとつの可能性

一次史料の記述には結論だけが書かれており、清須会議の議論の過程が抜け落ちている。それゆえ、一次史料を補ううえで、二次史料の記述に捨てがたい点があるのも事実だ。

三法師が織田家の家督を継承するのは既定路線と述べたが、家督の決定は基本的に織田家中の問題である一方、家臣らの同意も要したに違いない。となると、すでに二十代半ばに達していた信雄と信孝が、家督をめぐって争った可能性も否定できない。御家騒動に際しては、互いが有力な家臣を巻き込んで争うのが通例である。つまり、織田家の家臣が信雄派、信孝派に分かれた可能性もあろう。

とはいえ、いつまでも家督継承で揉めるわけにもいかず、ましてや互いに戦うような事態になれば、最悪な結果をもたらすことになる。それを避けるためにも、織田家の重臣の意向として信忠の遺児・三法師を立てれば、ことは収まると考えた。だが、名代の座をめぐり、信雄・信孝の二人が争ったので、秀吉ら宿老四人が三法師を支えることで妥協点を見出したとはいえないだろうか。そうなれば、問題は織田家の家督というよりも、次の天下人の選定ということになる。

堀秀政が三法師のお守をするというのも、信雄・信孝のいずれにも預けないための措置であった。時間をかけて、信雄・信孝のわだかまりを解決しようとしたのかもしれない。焼けたところが、三法師は秀政ではなく、一時的であるが信孝に預けられることになった。焼けた安土城を改修するため、すぐに三法師は戻れなかったからである（「専光寺文書」）。

この宿老四人体制はしばらく続いたが、実質的な主導権を握っていたのは秀吉だった。やがて信孝は秀吉に強い不信感を抱き、いったん預かった三法師を安土に返さなかった。その理由は後述するとおり、京都市中の支配をめぐる両者の確執である。やがて秀吉は、信孝の後ろ盾となる勝家とも対立することになる。

こうした考え方は、一次史料に基づくものではないが、一つの可能性として提示しておきたい。

細川父子への信頼

天正十年七月十一日、秀吉は細川《ほそかわ》（長岡《ながおか》）藤孝《ふじたか》・忠興父子に起請文を与えた（「細川家文書」）。起請文の内容は三カ条からなっており、互いの昵懇《じっこん》の関係を継続すべく、秀吉が捧げたものである。周知のとおり、本能寺の変後に藤孝・忠興父子は明智光秀から味方になってくれるよう哀願されたが、それを拒否した。なお、忠興の正室・ガラシャは、光秀の娘だった。起請文の冒頭で、秀吉が「比類なき御覚悟」と父子を称えているのは、そのことである。

同じ日付で、秀吉は忠興に知行宛行状を与えた（「細川家文書」）。細川氏は信長の朱印状によって、丹後一国を与えられていたが、光秀はその一部を掠《かす》め取り知行していた。秀吉は公儀（＝織田家）に対する細川氏の「比類なき御覚悟」によって、光秀が掠め取った知行地と光秀の家臣の知行地、そして矢野《やの》分を新知として与えることにした。ただし、細川氏の家臣・松井《まつい》康之《やすゆき》に対して、そのうち三分の一を遣わすよう命じている。

まったく同じ日付で、秀吉は康之にも知行宛行状を与えた（「細川家文書」）。それは、忠興宛の知行宛行状の後半部分にあったとおり、忠興に給与した新知のうち三分の一を康之に与えるというものである。この対応は異例であるが、本能寺の変における康之の類い稀《まれ》なる軍功を賞してのことであろう。

丹後における明智領は闕所《けっしょ》（没収した土地）となっていただろうから、秀吉は独断で闕所地を処分したことになろう。ほかの宿老に許可を得たものではなかったと考えられる。もし合議のうえで決定したならば、四人の連署になっていたはずである。こうして秀吉は、細川氏を与党に組み込もうとした。

同年八月八日、秀吉は藤孝に書状を送り、姫路に帰ることや西国が安泰であることを伝えている（「細川家文書」）。加えて、丹後国内の城のうち、不要なものは破却し、肝心な城は補強するよう伝えた。また、有事に備えて手がふさがらないように注意し、病気で在京中である松井康之に対しては、養生するよう仰せ付けてほしいとある。秀吉が細川氏に対して、全幅の信頼を寄せていたことがわかる。

このように秀吉が差配したのは、信長没後の与党形成にほかならない。すでに「ポスト信長」の暗闘がはじまっていたのである。

京都奉行を更迭する

本能寺の変後の秀吉は、実にエネルギッシュだった。とくに、清須会議後に支配を任された山城国については、解決すべき問題が多かった。

天正十年七月十二日、秀吉は宇治（京都府宇治市）、白川（同上）に対して、明智氏やその家中およびそのほか敵の者どもの預物《あずけもの》、乱妨物を供出するように命じている（「伊予古文」）。預物とは、明智一党が宇治、白川に預けた金品、武器などを意味する。乱妨物とは、文字どおり明智一党が略奪した金品などである。明智一党はそれをいろいろな人々（あるいは寺社など）に預けておき、のちに回収しようとした。そのことを知った秀吉は、預物や乱妨物の供出を命じ、隠した場合は成敗するとした。

最初、京都の治安を担当したのは、秀吉配下の桑原貞也《くわばらさだなり》だった。貞也は生没年不詳で、事績も明らかではない。しかし、すぐに貞也は京都奉行を更迭され、代わりに浅野長吉《あさのながよし》（長政《ながまさ》）と杉原家次がその任に当たった。

天正十年に比定される八月七日付の秀吉書状では、桑原氏を更迭した理由を述べている（「立入家文書」）。目付として京都の治安維持に尽くすことが重要であるにもかかわらず、伝わってくるのは貞也の不評ばかりであった。端的にいえば、力量不足である。

次に、秀吉は貞也に命じた職務の意義を述べている。知行改めについては、入り混じった知行の実態を知るためであって、公家領・寺社本所領における当知行の地を侵してはならないことであるという。京都などにおける預物以下の究明は、天下を覆すほどの悪逆人（＝光秀）を取り持った連中の調査でもある。つまり、預物などの探索は単にそれらを没収するだけではなく、光秀の関係者をあぶりだす作業でもあった。

細川藤孝や古田《ふるた》重然《しげてる》の配下の者も京内外で悪行を重ねており、秀吉が嘆いた様子がうかがえる。都鄙で外聞《がいぶん》（世間での評判）を失えば、のちのちに悔やんでも取り返すことができないと秀吉は考えた。貞也の力量不足により、事態が好転しないので、辞めさせざるを得なかったのである。

つまり、秀吉は京都の治安維持、知行の実態調査、預物などの探索などを通して、混乱を鎮めようとしていた。本来、それは織田家（＝天下人）の役割であったが、秀吉が意欲的に取り組んだ様子がうかがえる。それは、単に秀吉が山城を支配することになったという理由だけでなく、京都の治安維持には朝廷の意向もあっただろうから、その点を考慮すべきだろう。

諸事に奔走する秀吉

天正十年に比定される八月十一日、秀吉は丹羽長秀に書状を送った（「専光寺文書」）。この書状は、長秀からの書状に対する返書であり、四つの項目に分かれている。

一つ目は、滝川一益から長秀に対し、所領の件で苦情があったようである。詳細は不明であるが、それは織田家の直轄領や秀吉や長秀の領分を減らし、一益に与えざるを得ない事態になるような状況だった。一益の苦情については、各々で協議が必要であると回答している。一益は、清須会議での所領配分に不満があったのだろう。

二つ目は、安土城の普請が遅れたため、信孝に預けた三法師がいまだに戻っていないことだ。安土城は本能寺の変後に焼け、修繕を行っていたが、秀吉は長秀に対して修築を急ぐよう促し、そうしなければ長秀も秀吉も外聞が悪いと述べている。それゆえ、秀吉は普請中の山崎城（京都府大山崎町）を離れ、安土へ行って指示するとまで書いている。決定事項が円滑に進まないことは、世間の評判、つまり秀吉の評価を落とすことだった。

参考までに言うと、同年八月十四日と十五日、織田信雄は丹羽長秀と堀秀政に書状を送っている（「千福《せんぷく》文書」）。越前の武将である千福遠江守が本能寺の変による難を避け、信雄のいる伊勢にやってきたが、ようやく落ち着いた。そこで、信雄は千福氏を近江に返し、今までどおり三法師に奉公させるよう依頼したのである。しかし、この時点で三法師は安土に帰還しておらず、まだ岐阜の地にいたので、三法師が戻ってきたらということだろう。

三つ目は、これまで信長の朱印で認めていた過所船《かしょ》（通行手形を持つ船）について、秀吉ら宿老衆の加判により認めることを提案している。もし、それが認められないなら、誰が過所船を認めるのか、理非に立ち入って分別をもって判断してほしいと述べている。信長が亡くなった影響は、過所船の件にも及んでいた。

最後に、尾張と美濃の国境紛争（信雄と信孝の争い）の件が書かれているが、こちらは改めて取り上げることにしよう。

このように、信長の亡き後、秀吉は三法師、信雄、信孝に代わり、さまざまな問題の解決に奔走していた。多くの問題は秀吉のもとに持ち込まれ、解決が委ねられたのだが、それは秀吉に対する信頼の証でもあった。

信長の墓所の決定

信長の葬儀の開催までも、紆余曲折があった。

天正十年に比定される七月十七日付の秀吉書状は、毛利《もうり》輝元《てるもと》に宛てたものである（「毛利家文書」）。輝元は秀吉に宛て、使僧に一万疋（現在の貨幣価値で約一千万円）の青銅を香典として託した。青銅は金属ではなく、銭の異称である。信長の葬儀が行われると聞いた輝元が、弔意を示したと考えられる。青銅を贈ったのは、輝元の交渉窓口が秀吉だったからだろう。その返事として秀吉は、山崎城の普請を行っているので、信長の葬儀は延引すると伝えている。

信長の墓所は、すでに決まっていた。天正十年七月三日付の織田信孝書状（本能寺宛）は、本能寺の屋敷を信長の墓所とすべく、僧に還住（もとの場所に帰って住むこと）を求めたものである（「本能寺文書」）。史料中に旧地にとあるのは、本能寺の変により寺が炎上したが、寺を修復するので戻ってくるようにとのことだろう。信雄でなく、信孝が信長の墓所選定を進めていたことに注意すべきで、葬儀の主導権を握ろうとしたのは明らかである。

同年七月六日、増田《ました》長盛《ながもり》は本能寺の寺家に書状を送り、信孝が僧に還住を求めたことを秀吉に伝えた旨などを知らせている。同年七月十三日にも長盛は本能寺の寺家に書状を送り、信長の屋敷跡に陣取を禁止した旨を伝えた。さらに同年七月八日、秀吉は本能寺に寄宿を免許した（以上、「本能寺文書」）。このように、信孝と秀吉が中心となり話を進め、信長の墓所は本能寺に決まっていたようである。

親族らの百日忌

信長の四十九日となる同年七月二十日には、本能寺の焼け跡に仮屋を設け、細川藤孝が百韻の追善連歌を主宰して興行した（『細川家記』）。

同年九月十一日には、勝家の妻となっていたお市と信長の乳母が、信長の百日忌を行っている（『月航和尚語録』）。翌九月十二日には、信長の四男で秀吉の養子・次（秀勝）が大徳寺で百日忌を催した（『法用文集』）。ともに信長の親族である。

同日、阿弥陀寺（京都市上京区）の清玉《せいぎょく》も、信長・信忠父子の百日忌の法会を行っている（『言経卿記《ときつねきょうき》』）。阿弥陀寺は近江国坂本に所在したが、清玉が織田信長の帰依を受け、上京今出川大宮に移転した。それゆえ清玉は恩を感じて、信長・信忠父子の百日忌の法会を行ったのだろう。一説によると、清玉は変後の本能寺へ行き、骨や灰を集めて阿弥陀寺に葬ったという（『雍州府志《ようしゅうふし》』）。

このように、信長の親族や関係者は信長の百日忌を行い、次々と供養をしていたのであるが、肝心の信雄と信孝が行った記録はない。

信長の葬儀が遅れた事情

百日忌は行われたものの、実際に信長の葬儀が行われたのは、天正十年十月十五日のことであった。なぜ、四カ月以上もの長期にわたって信長の葬儀が執り行われなかったのか。この間の事情について、まずは二次史料の記述を見ておこう。

『惟任謀叛記』には、秀吉が信長の推挙により栄達を遂げ、信長の四男・次（秀勝）を養子として与えられたことが書かれ、秀吉が織田家と同族であるかのように記されている。秀吉は速やかに葬儀を行わねばと考えたが、織田家には歴々の重臣、また織田家の一族がいたので憚ったという。そのような事情で十月まで信長の葬儀は行われなかったが、秀吉が一大決心のもとで葬儀を実行したと書かれている。信雄、信孝や織田家の重臣の腰が重かったのは事実で、決して誤りではない。

『川角太閤記』には、秀吉の策略が描かれている。秀吉が姫路に帰城すると、勝家は各地の大名に触れ状を送り、「信長様が亡くなってから葬儀を行っていないので、三法師が上洛し大徳寺（京都市北区）で焼香なさるのがもっともである」と呼びかけた。これに対して秀吉は、信長の葬儀に際して新たに寺を建て、信長の木像を作るべきだと主張した。この意見には勝家も賛成した。

この間、姫路に本拠を持つ秀吉は播磨国内で牢人（浪人）を集め、軍備を整えていた。やがて完成したのが大徳寺の塔頭・総見院である。総見院とは信長の法名であるが、ほかに天徳院という法名もある。総見院には、天正十一年に七条大仏師の康清《こうせい》が制作した、木造織田信長坐像（重要文化財）が安置されている。

秀吉はその後、勝家をはじめ、大名衆は相当な軍勢を率いて上洛すると考え、目付を派遣した。目付は勝家らの軍勢の数を確認し、秀吉に報告したが、思ったような大軍ではなかったため、秀吉は勝家から催促があるまで上洛しないことにした。

やがて、勝家ら大名衆から上洛の催促を受けた秀吉は、姫路を発つ五日前に、配下の者を宿泊させるべく、京都中の宿に宿札（宿泊者の名を書いて掲げた札）を掲げさせた。その様子を見た大名衆は、あまりの数の多さに「秀吉はそんなにたくさん人を召し抱えているのか」と大いに慌てたという。勝家ら大名衆は目付を播磨方面に下したが、宿札を掲げさせたのは秀吉の作戦だった。それからようやく秀吉は、二万ばかりの軍勢を率いて姫路を発った。

結局、秀吉の威勢に恐れをなした勝家の命令によって、三法師・信孝も含めてすべての大名は国元へ逃げ帰った。その後、秀吉は洛中に入り、信長の法事を営んだというのである。つまり、秀吉は勝家ら諸大名を策略で騙して帰還させ、信長の葬儀を行ったということになろう。

以上のとおり『川角太閤記』の記述では、秀吉が率先して信長の葬儀を取り仕切り、三法師はもちろんのこと、信雄・信孝兄弟すら無視したかのように思える。あるいは、完全な騙し討ちにより、秀吉が葬儀を挙行したことを示している。ただし、その内容は劇的であり、あまりに荒唐無稽と言わざるを得ず、信を置けない。

葬儀に来なかった三法師、信雄、信孝

では、一次史料に見える信長の葬儀の様相は、どういうものだったのだろうか。先に取り上げた、天正十年に比定される十月十八日付の秀吉書状写（斎藤玄蕃允・岡本良勝宛）には、その答えが書かれている（「金井文書」）。

秀吉は信長の葬儀について、信雄、信孝の両人に次（秀勝）を通じて相談をしたが、返事がなかったという。秀吉が信長の葬儀を気にしていたのは、たしかなことだった。

ここで、次が葬儀について申し入れたことには注意を払うべきであろう。葬儀を主催す

るのはあくまで織田家であり、優先順位からすれば、幼少の三法師に代わり、信雄、信孝の二人が執り行うべきものである。だが、信雄、信孝の二人から返事もないうえ、宿老衆からも葬儀の件で動きはなかった。このままでは、「天下の外聞（世間の評判）」がいかがかと思い、秀吉は小身ではありながらも葬儀を主催したというのである。

そこには、織田家の次を養子に迎えていたという、秀吉の強みもあったに違いない。信雄、信孝が葬儀を行わないならば、代わりに次が葬儀をすべきであり、実質的に秀吉が執り行うことになる。つまり、誰も信長の葬儀を行おうとしないので、秀吉がやらざるを得なかったと述べているのだ。

しかし実際のところ、秀吉は九月から葬儀の準備を進めていた。

天正十年九月十三日、秀吉は大徳寺に、信長の葬儀に際して銭一万貫を送っている（「大徳寺文書」）。銭一万貫は現在の貨幣価値に換算すると、約十億円である。秀吉の豊かな財力をうかがわせる。そのほか、葬礼用の太刀（「不動国行」）、葦毛の馬、鞍、鐙《あぶみ》を贈っていた。秀吉が与えた銭一万貫は、たしかに信長の葬儀費用に用いられた（「総見院文書」）。

また、秀吉は葬儀実現のため朝廷に交渉をしていた。その結果、禁中・公家や諸宗派は信長の追善供養のための写経を贈り、京都五山などの僧侶は葬儀に出席した（『兼見卿記』

など)。秀吉は葬儀を執り行うに際して、周到な根回しをしていたのである。秀吉は次を前面に押し出しながらも、すでに葬儀を行おうと決めていた。信雄、信孝から返事がなかったのは事実かもしれないが、実際はないことを見越していたのかもしれない。

さらに一次史料に基づき、もう少し葬儀に至る経過を見ておこう。

同年十月二日には、信長の葬儀における楽人について相談がなされている。足利義輝《あしかがよしてる》の葬儀の際は、大徳寺の楽人の手当が、十人で銀子十五枚ということだった。それは、米に換算すると三十石分である。しかし秀吉は、信長の葬儀に際し、銀子二千枚で二十五人の楽人を参列させてほしいと伝えた。秀吉は、破格の条件を示したのである。驚いた大徳寺は、十人でも二十五人でも三十石でよいと回答した(『晴豊公記《はれとよこうき》』)。最終的には、五十石で落ち着いている。

同年十月九日、丹羽長秀の名代として三名が上洛した。うち一人は、家臣の青山助兵衛《あおやますけひょうえ》尉《じょう》だった(『兼見卿記』)。同年十月十四日、信雄と信孝が上洛して葬儀を中止させるとの噂が流れたが、それは実現しなかったとある(『晴豊公記』)。『蓮成院記録《れんじょういんきろく》』によると、滝川一益、丹羽長秀、柴田勝家、信孝の名代・池田恒興は上洛したが、抑留されたという。つまり、彼らは葬儀に参加できなかったのだ。

こうして葬儀は、同年十月十五日に執り行われた。棺に信長の木像が入れられたのは、信長の遺骸が発見されなかったためだろう。

棺の前を歩いたのは、池田恒興の次男、輝政《てるまさ》である。恒興が出席できなかった代理だったこともあるが、『晴豊公記』には恒興の母が信長の乳母だったからだと書かれている。棺のあとを歩いたのは、次（秀勝）だった。実質的な喪主である。秀吉は、信長の愛刀「不動国行」を持って参列した。結局、ほかに主だった人で参列したのは、丹羽長秀の名代が三人、そして細川藤孝くらいだった（『兼見卿記』）。

国境をめぐる軋轢

とはいえ、信長直系である信雄・信孝が関わらないのも奇妙な話である。ほかの宿老衆についても同様である。何か事情があったのだろうか。

信雄と信孝の二人が揉めていたのには、もちろん理由があった。信雄が尾張、信孝が美濃を領有することになっていたが、その国境をどう画定するかで、双方の関係はこじれていたのである。

天正十年に比定される八月十一日付の秀吉書状（丹羽長秀宛）は、その一端を物語っている（「専光寺文書」）。尾張・美濃の境目について、信孝から長秀と秀吉に問い合わせがあった。それは、美濃と尾張の国境を「大河切り」にしてほしいという要請だった。大河とは木曽川のことである。秀吉は「大河切り」に賛意を示し、信雄にそう申し入れるので、長秀も同様にしてほしいと申し述べた。

なぜ、信雄・信孝の二人は、尾張・美濃の国境をめぐって揉めたのだろうか。

現在、愛知県と岐阜県の県境は、木曽川を境にしている。しかし、秀吉の時代の美濃と尾張の国境は、木曽川の北部を流れる境川が境だった。木曽川が美濃と尾張の国境になれば、信孝の領土は広くなる。信孝は自身の領土を拡張すべく「大河切り」を申し出たわけだが、むろん信雄が素直に応じるわけはなかった。

それ以前の同年七月四日の段階において、信孝は尾張・美濃の国境付近に位置する瀬戸郷の給人《きゅうにん》（大名から所領を与えられた在地の武士）の件について、秀吉に相談をしていた（「大阪城天守閣所蔵文書」）。国境が画定しない以上、給人がいずれに帰属するのかは、当然のごとく問題になった。その結果、秀吉は信雄と信孝の国境紛争については、信孝の意向を尊重していたことが判明する。同日付の秀吉書状（稲葉《いなば》重執《しげもり》宛）によると、国境画定の件が解決したことを報告し、秀吉は居城の長浜城に戻ったとある（「小川文書」）。

だが、国境問題はセンシティブであり、容易に解決はしなかった。同年九月三日、勝家は長秀に書状を送った（「徳川記念財団所蔵文書」）。この書状によると、尾張・美濃の国境問題は、長秀にも持ち込まれていたことがわかる。信雄と信孝の二人の話し合いでは解決しないので、この問題の解決を宿老衆に委ねたのである。

「大河切り」を主張する信孝は、美濃東三郡（可児《かに》・土岐《とき》・恵那）を信雄に割譲すると交換条件を持ち出した。しかし、信雄は「国切り」（境川を美濃・尾張の国境とする）を主張した。双方は譲ることなく、話は平行線をたどった。むろん、四人の宿老が天下を差配するとはいえ、容易に結論が出る問題ではない。むしろ、裁定は困難だっただろう。国境付近では諸給人、百姓の帰属問題があったので、ことは簡単に解決しがたかった。

勝家は国境問題について、境目の国人と信雄、信孝の双方の奉行・宿老衆が調査することを助言した。その方法で国境問題は措置して、新たに下々の者の帰属問題が生じたときは、その都度奉行を遣わして、解決すればよいとの態度を示したのである。つまり、明確に国境を画定するのではなく、問題が生じればその都度話し合うこととし、宿老衆としての判断を避けたわけである。

尾張・美濃の国境問題の結末は不明であるが、その後、解決されたことが確認できないので、信雄・信孝の溝は埋まらなかったようだ。結局、互いが納得する形で問題は解決せず、不満だけが残ったのである。こうした国境問題があったので、二人は信長の葬儀どころではなかったのが実情だった。

安土城の普請と三法師の扱い

先に、天正十年に比定される八月十一日の秀吉書状(丹羽長秀宛)で見たとおり、秀吉は安土城の築城を急がせていた(「専光寺文書」)。その理由は外聞(世間の評判)が悪いからである。織田家の後継たる三法師の居城の工事が遅くなるのは、世間的にみっともないことだった。三法師が美濃の信孝のもとにいたので、一刻も早く引き離したかったという考え方もあろうが、秀吉は、単に世間的な評価を嫌がったようにも見える。

一方、勝家は三法師の件について、上方方面がしっかりと落ち着き、御座所などが普請されてから、上洛いただいてはどうかと述べている(「徳川記念財団所蔵文書」)。そのことは、信雄・信孝の両名にも伝えており、三法師が「日本国の御主御本立(流)」(日本の天下人の本流)なので、都鄙の外聞としてもふさわしいと述べている。勝家は工事を急がせる秀吉の考えについて、早計と感じたのだろう。

勝家は秀吉が安土城の普請を急《せ》かしているのに対して、しっかりと準備が整ってからと主張した。この件は、安土城の普請だけでなく、三法師の「上国」（上洛）についても述べているので、京都における三法師の御座所の普請も急ぐことはないということを意味している可能性もあろう。もしかしたら、信長の葬儀にも関係しているかもしれない。

秀吉が三法師の安土帰還を急ぐのに対し、勝家は慎重な姿勢を取った。おそらく勝家は、秀吉に主導権を握られたくなかったに違いない。この時点において、勝家は信孝寄りの態度を示しており、秀吉と信孝・勝家との確執が徐々に芽生えつつあったと考えてよいだろう。

勝家と秀吉との関係

同年十月六日、勝家は堀秀政に書状を送った（『南行雑録』）。

一つ目に書かれているのは、勝家が秀吉と相談して決めたことには、相違ないということである。ただ、これだけでは、何を相談したのか具体的なことがわからない。

なお、「付けたり（追伸）」の部分では、「（勝家の）縁辺（婚儀）のことがまとまりました。しかし、主（三法師）が幼かったので、そのようなことになりました」と書かれている。この部分を「主筋の者の許可を得た」と解釈する向きもあるが、それは違うと思う。主たる三法師が幼かったので、主の許可を得ず話がまとまったということである。勝家の結婚相手は、信長の妹のお市である。わざわざ勝家がそのように断っているのは、秀吉を憚ってのことかもしれない。

勝家がお市を妻に迎えたのには、重要な意味があった。信孝にとってお市は叔母に当たり、二人の結婚は信孝が勝家との結束を強める意向が作用したと考えられる。

二つ目は、清須会議での決定事項がたびたび変わるので、多くの人が不審に思っているとある。勝家は清須会議以来の決定(「天下御分国中静謐」の方針)は、皆わきまえていると考えたが、秀吉により覆されることがあったのだろう。これは、宿老体制に綻びが生じたということであり、暗に秀吉を非難しているのである。

三つ目は勝家自身のことであるが、長浜(滋賀県長浜市)を拝領してから、知行の分配をめぐって問題が生じていたようだ。勝家は、一切不正はしていないと弁明している。

四つ目は、信孝と長秀に対して、三法師の御座を移すよう要請したことを記している。この場合、行き先は次に取り上げる秀吉の書状のとおり、安土城だろう。

五つ目には、内輪揉めを一刻も早く解決したいとする一方、秀吉が分国内に新城(山崎城）を築城するなど、勝手な振る舞いをしていることを指摘し、内輪揉めが本意ではないと書いている。当時、城は軍事拠点だったので、普請することは警戒された。山崎は摂津から山城への通行路だったので、なおさらだったに違いない。

この書状を読む限り、清須会議での決定事項が履行されず、種々問題が噴出していたことがわかる。その問題を集約すれば、秀吉の独断専行ということになろう。

少なくとも勝家にとって、秀吉の動きは不穏に映った。勝家は多少の不満を抱きつつも問題を解決すべく、秀吉との話し合いを進めていた姿勢がわかる。また、秀政にこのような書状を送ったのは、味方になってほしいとのメッセージだろう。

秀吉から信孝家臣への手紙

天正十年十月十四日、秀吉は信孝配下の岡本良勝ら二人に書状を送った（「松花堂式部卿昭乗留書」）。これは、宛先の岡本良勝ら二人への返事である。

秀吉は、自身と勝家との関係について心配をかけ、かたじけないとしたうえで、誓紙血判に相違があれば、何かと面倒なことになるだろうと述べている。そして、三法師を織田家の後継とし、四人の宿老が支えることになり、清須から美濃の信孝に三法師を預けたことに触れた。そして、信孝は三法師をしばらくして安土に移らせると仰せだったが、いまだに実行されていないと書いている。

さらに秀吉は、次（秀勝）は十五、六歳で武士としても問題がないものの、織田家の家督を継がせることはないと述べた。先述のとおり、信孝は秀吉に警戒感を抱えていたと思われるので、秀吉は信勝を織田家の家督にしないことを明言し、信孝の警戒心を解こうとした。このことはほかの書状で何度も繰り返し書いているので、秀吉は相当気にしていたのだろう。

秀吉と勝家が話し合っていたのは、信孝が預かった三法師を抑留したままだった件だろう。秀吉は葬儀のことなどもあり、信孝との関係を修復し、一刻も早く三法師の安土への帰還を、と願っていた。勝家を含めたほかの宿老も、この問題で頭を痛めていたと考えられる。しかし、最終的に信孝は、秀吉の要望に応じなかったのである。

その結果、秀吉は次（秀勝）を立てて、葬儀を敢行した。信雄と信孝は対立していたので葬儀に参加せず、さらに信孝に至っては秀吉との関係がこじれていた。ほかの宿老衆は抑留されたといわれているが、実際には気兼ねをして、この状況下では葬儀に参列できなかったに違いない。

天正十年十月十五日に信長の葬儀が終わると、再び同年十月十八日に秀吉は信孝配下の岡本良勝らに書状を送った（「金井文書」）。すでに取り上げたものではあるが、書状の中身の大半は、秀吉がいかに信長に尽くしてきたかということだ。自身が出陣した合戦の経過について、詳しく記している。加えて、本能寺の変後に信孝とともに光秀を討ったこと、その後の戦後処理についても、こと細かく書いている。

とくに、自らが主導した葬儀の件に関しては、信雄・信孝兄弟が参列しなかったことだけでなく、秀吉自身が信長の厚恩を受けたことを重ねて記し、宛名の二人の家臣に対して、この書状を信孝に披露願いたいと結んでいる。この時点ではまだ、秀吉が信長の葬儀に至るまでの誤解を解き、信孝との関係修復を願っていたことがわかる。

この段階で、信孝と勝家が連絡を取り合って、共闘を画策したという史料は確認できない。しかし、信孝も勝家も、秀吉に対して不満を抱いていたのはたしかだ。そのような事情が、信孝と勝家を引き付ける契機になったと考えられる。秀吉は信孝に哀願したにもかかわらず、両者が戦いに至るのには、さほど時間はかからなかった。

不満を募らせる信孝

秀吉と信孝、勝家の関係が悪化したのは、ほかにも理由があった。信孝は美濃に本拠を置いたにもかかわらず、京都の寺社や公家からの訴訟が持ち込まれたと指摘されている。本来、京都における訴訟などは、秀吉と配下の京都奉行が担当していたが、それが覆されたことになる。秀吉も困惑せざるを得なかっただろう。

信孝の発給文書は百通あるが、うち公家、門跡、寺社に対して、二十五通の判物《はんもつ》（将軍、大名などが判を自署して下達した文書）を発給したという。それらは、継目《つぎめ》安堵と称されるものである。本能寺の変で信長が横死したあと、公家らは信孝を後継者とみなし、信長時代に安堵された所領などを引き続き求めた。つまり、織田家の代替わりに際して、信孝に改めて安堵を求めたのである。

ところが、次男の信雄については、京都支配に関わった形跡が認められない。その理由は、信孝が秀吉とともに光秀を真っ先に討伐し、信雄に先んじたからだと指摘されている。光秀を討った軍功をもって、信孝は公家らから信長の後継者と目されていた。信孝がこれまで秀吉に対抗心をあらわすかのような行動をとったのは、そのような自負心があったからだった。信雄は信孝の後塵を拝することになったのだ。

公家らが信孝に安堵を求めたのは、単に信長の後継者であるという理由だけに止まらなかった。清須会議後、秀吉は山城国を支配したが、その際、公家らに所領の指出を命じ、率分《りつぶん》を廃止しようとした。率分とは平安時代に定められた制度であり、大蔵省の正倉に納める官物のうち、率分所に十分の二を収納したもので、室町時代には山科家が管理していた。それが廃止されるのだから、公家の収入が減ってしまう。そこで、公家らは秀吉に対抗すべく、信孝に窮状を訴えたのである。

信孝が主導権を握るためには、清須会議で決定した宿老衆による統治権を奪還しなくてはならなかった。そのためには公家らの要望に応じて、裁定を下すことが重要である。既成事実の積み重ねだ。しかし、それは秀吉の政策に反する決定なので、二人の間に溝ができるのは、当然の帰結だったといえる。

一方の四人の宿老衆の裁定は、決定的なものとはいえなかった。たとえば、先述した美濃・尾張の国境問題などは、主家である織田家の問題でもあり、宿老衆による裁定が困難だった。同時に宿老衆の間にも徐々に確執が生じ、勝家などは秀吉の動きを警戒し、対立の様相を見せていた。つまり、清須会議での決定や宿老体制は維持が困難だったのだ。

清須会議の決定事項は守られることなく、短期間で矛盾を露呈した。四人の宿老衆による天下の差配は、しょせんは暫定的なものに過ぎなかった。やがて、それは信孝・勝家を中心とするグループ、そして秀吉らを中心とするグループという、二大勢力に分裂していったのである。

秀吉グループの形成

秀吉の手法で重要なのは、信長の四男・次（秀勝）を養子としていたことだ。信長の葬儀を進める際も、あくまで次を通した。つまり秀吉は独断専行のイメージを持たれないよう、織田家の血筋を引く次を前面に押し出す、という体裁をとっていた。

さらに、秀吉は諸将との連携を強めていく。天正十年十月二十一日、秀吉は小出秀政《こいでひでまさ》に書状を送った（「相州文書」）。小出秀政の正室は、秀吉の母大政所《おおまんどころ》の妹・栄松院《えいしょういん》であり、秀政は秀吉の叔父（叔母婿）にあたる。秀吉にとっては、信頼できる親族だった。

書状の概要を示すと次のようになる。

①高山右近、中川清秀、筒井順慶、三好康長《みよしやすなが》、若江三人衆（多羅尾常陸介《たらおひたちのすけ》、野間長前《のまながさき》、池田教正《いけだのりまさ》）から人質を徴収したこと。

②秀吉が宿老衆の池田恒興、丹羽長秀と昵懇であること。

③近江山崎城（滋賀県彦根市）主・山崎片家《やまざきかたいえ》、同肥田城（同上）主・長谷川秀一《はせがわひでかず》、同浅《あさ》小井城《ごいじょう》（同近江八幡市）主・池田景雄《いけだかげかつ》、同瀬田城（同大津市）主・山岡景隆《やまおかかげたか》に居城の守備を命じたこと。

山崎片家は信長の家臣だった。片家は本能寺の変でいったん明智光秀に与したものの、ほどなくして秀吉に従った。池田景雄も片家と状況はほぼ同じである。長谷川秀一も信長の家臣で、本能寺の変では徳川家康とともに「神君伊賀越え」に同道し、その後は秀吉の配下となった。山岡景隆も信長の家臣で、本能寺の変ではいち早く秀吉とともに行動した。それぞれの経緯はさまざまだが、彼らは秀吉側についた。

なお、長浜城には、敵対する勝家の甥で養子となった勝豊《かつとよ》が入城していた。清須会議後、勝家は近江を領することになり、長浜城の守備を勝豊に任せたのである。秀吉はやがて勝家と雌雄を決すると予想、畿内をしっかり固め、同時に近江の諸将に来るべき戦いの準備を命じた。つまり、秀吉は信孝・勝家への対抗策として、宿老の恒興、長秀と連携し、有力な諸将を味方に引き寄せたことになろう。先述した、細川藤孝・忠興父子も同様と考えられる。それ以前の天正十年九月の段階で、秀吉は丹羽長秀、堀秀政、長谷川秀一と会談をしていたことも明らかになっており（『兼見卿記』）、こうして秀吉与党が形成されたのである。

天正十年九月から十月にかけて、秀吉が信孝・勝家との戦いを考えており、有事に備えていたのはたしかなことである。そして、同年十一月、ついに秀吉は信孝・勝家との対決に至ったのである。


最後に、本章の流れを改めて確認しておこう。

三法師が織田家の家督を継ぐのは既定路線だったが、信雄と信孝は名代の地位を争った。結局、三法師の名代は決めず、秀吉ら四人の宿老が三法師を守り立てることで決着した。とはいえ、その後の領知配分では、山城を獲得した秀吉が抜きん出た存在となる。京都支配を行った秀吉は与党を形成し、勢力の拡大に努めた。「ポスト信長」の主導権を握ったのは秀吉だ。

一方、織田家では信雄と信孝の領土確定問題により、兄弟は不和になった。二人が仲違いしたことで、信長の葬儀は秀吉が主導せざるを得なくなった。結果的に、秀吉は信長の葬儀を挙行することで、諸大名に存在感を示した。そんな秀吉に脅威を感じたのが信孝であり、危機感を共有したのが勝家だった。やがて、信孝と勝家は手を結ぶ。

秀吉があらかじめ右のシナリオを描いたのかは、不明である。しかし、清須会議の段階で、秀吉が織田家中において、抜きん出た存在になるべく画策したのは事実だ。信雄と信孝の不和が顕在化したのは清須会議後だが、すでに秀吉はそれ以前から水面下で察知していたのかもしれない。織田家の混乱に乗じて、さらに秀吉が威勢を伸長したのが実態だったに違いない。まさしく、「ハシハカマ、（羽柴がまま）」になったのだ。

第三章

清須会議後の争乱

——賤ヶ岳の戦い

織田信孝
（『続英雄百人一首』国文学研究資料館蔵）

武田氏旧領をめぐる関東の情勢

秀吉と信孝・勝家との関係に亀裂が生じていくなかで、関東の情勢にも不穏な空気が漂っていた。

天正十年（一五八二）三月、織田信長は武田氏を滅亡に追い込み、滝川一益を厩橋に置いた。しかし、同年六月に信長が本能寺で討たれたことにより、関東方面の政治情勢が一気に流動化する。

本能寺の変の直後、一益は北条氏直と戦って敗北し、伊勢へと逃走した。甲斐の河尻秀隆は、武田氏遺臣の襲撃を受けて殺害された。これにより、信長によって行われた知行割（甲斐―河尻秀隆〔ただし、穴山梅雪が知行していた分を除く〕、駿河―徳川家康、上野―滝川一益、信濃四郡―森長可）は事実上無効となり、武田氏旧領の分配をめぐって、再び北条、徳川などが争乱状態に突入する。家康が清須会議に加わらなかったのは、このような状況が影響していたに違いない。

上野に侵攻した北条軍は、そのまま信濃に攻め込んだ。信濃四郡を支配していた森長可は、越後の上杉景勝《うえすぎかげかつ》と対峙していたが、味方からの離反などもあって信濃を撤退、旧領の美濃へと逃げ込んだ。その後、景勝は信濃四郡を支配下に収める。

一方、信長の弔い合戦を断念した家康は、甲斐・信濃方面の制圧を行うことにした。六月の時点で、家康はまず武田氏旧臣の大須賀康高《おおすかやすたか》らを甲斐に派遣し、続けて家臣の大久保《おおくぼ》忠世《ただよ》らを送り込んだ。同年七月三日、家康は浜松（静岡県浜松市）を出発し、九日には甲府（山梨県甲府市）に入った。その間、すでに家康は信濃への侵攻を命じており、やがて甲斐・信濃で北条氏と徳川氏が激突した。

家康が率いた軍勢は約一万人といわれ、新府城（山梨県韮崎《にらさき》市）に本拠を置いた。一方、北条方の軍勢は徳川方の倍の二万余（四万という説も）といわれ、若神子《わかみこ》（同北杜《ほくと》市）に陣を置いた。数的には徳川方が不利であったが、八月十二日には家康配下の鳥居元忠《とりいもとただ》が北条方の軍勢を黒駒（同笛吹市）で打ち破るなどし、よく持ちこたえた。こうして戦いは両軍互いに譲ることなく、膠着《こうちゃく》状態に陥ったのである。

徳川氏と北条氏の和睦

徳川方が善戦する一方で、北条方は徐々に劣勢に陥った。北条方が信濃へ侵攻した際、上田城（長野県上田市）の真田昌幸《さなだまさゆき》は北条氏の味方となった。しかし、九月下旬になると北条方から離反し、徳川方に寝返ったのである。木曽（長野県木曽町）に本拠を置く木曽《きそ》義昌《よしまさ》も北条方を離れ、徳川方に与した。真田、木曽両氏などの離反により、北条方の形勢は徐々に不利になっていった。

戦いの間、家康は反北条氏の北関東に基盤を置く常陸佐竹《さたけ》氏、下野宇都宮《うつのみや》氏、下総結城《ゆうき》氏らの諸大名に協力を呼びかけ、同時に秀吉、長秀、勝家に援軍を要請した。しかし、このときには、信雄と信孝が尾張・美濃の国境画定をめぐって争っており、秀吉と勝家の関係にも徐々に亀裂が生じていた。勝家は、北条氏を討つことは信長の弔い合戦になるが、秀吉が妨害していると憤っていた。

結局、秀吉らは援軍を派遣しなかったが、信雄・信孝の仲介により、徳川・北条の両者は和睦に転じた。秀吉でなく信雄と信孝が和平を仲介したのは、東海・関東に本拠を置く徳川・北条の両氏にとってみれば、いまだ秀吉の影響力が小さかったからだろう。同年十月二十九日のことである。

和睦の結果、領土の画定は次のように行われた。

①甲斐国都留《つる》郡、信濃国佐久郡――徳川家康

②上野国沼田・吾妻領――北条氏直

そして、氏直は家康の娘（督姫《とく》）を妻とすることにより、両家は婚姻による同盟を締結した。これにより、家康は三河、遠江、駿河、甲斐、信濃の五カ国を領有し、東海地方に一大勢力圏を築いた。引き続き、家康は甲府に在陣して甲斐・信濃の計略を行ったが、北条氏はすぐに兵を引いた。こうして一連の戦いは幕を下ろし、徳川、北条両氏は武田氏旧領の分配を行ったのである。この段階で、秀吉は北条、徳川の二大勢力への介入が困難だったことに注意すべきだろう。

補足しておくと、真田氏は西上野の沼田城（群馬県沼田市）、岩櫃城《いわびつ》（同東吾妻町）を相変わらず領有しており、北条氏の支配下には収まらなかった。この問題は、天正十八年（一五九〇）の秀吉による小田原征伐の大きな要因となる。真田氏は決して強大な大名ではなかったが、大きな存在感を示したのだ。

信孝の謀叛

関東の動きと連動するかのように、信孝・勝家の動静にも変化があった。そのことを示すのは、天正十年に比定される十一月一日付の秀吉書状で（「小川文書」）、宛先は家康の配下にあった石川数正《いしかわかずまさ》である。数正は家康から偏諱《へんき》（主人から名前の一字を与えられること）

を授与され、康輝《やすてる》と名乗ったが、のちに秀吉から偏諱を与えられ、吉輝《よしてる》と改名した（以下、「数正」で統一）。家康の人質時代から仕えており、譜代の家臣として内政、外交を担当した。同じく重臣の酒井《さかい》忠次《ただつぐ》が東三河の旗頭になったのに対し、数正は西三河の旗頭になった。のちに数正は、対秀吉のキーパーソンになる。

数正は同年十月二十日に秀吉宛の書状をしたためており、秀吉は三十日に受け取った。十一月一日付の秀吉書状は、その返書である。

秀吉書状には誓紙に相違し、勝家の所行で信孝が謀叛に及んだとある。つまり、「信孝は勝家にけしかけられて謀叛に及んだ」という書き方をしているが、実際は二人とも秀吉に不満を抱いていたので、その利害が一致したということになろう。あえて、このような書き方をしたのは、主君筋の信孝を前面に出すのを避け、勝家を首謀者にすることで、織田家への叛逆というイメージを払拭するためだろう。

秀吉は、宿老の長秀、恒興と相談し、信雄を「御代」に立てたとある。「御代」とは「御名代」の省略形で、意味は「身分の高い人の代理人」になろう。つまり、清須会議では三法師の名代を置かないことにしていたが、その決定を覆したのだ。

秀吉は、勝家が織田家の信孝を擁して叛乱を起こしたので、同じ織田家の信雄を擁立しなくてはならなかった。秀吉は勝家との私戦を避け、互いに織田家の血筋の者を擁立したうえで、どちらが天下を差配するのかを焦点にしたかったのだろう。

これまでの秀吉は次（秀勝）を前面に出していたが、まだ年が若いうえに養子にすぎなかった。そうなると、次との比較のうえで、有力な対抗馬は次男の信雄しかありえなかった。信雄も信孝と対立していたのだから、渡りに船だったかもしれない。

ところで、秀吉が同じ宿老の長秀、恒興に相談したところを見ると、いまだ秀吉は絶対的な権力を掌握しておらず、織田家並びに諸将の助力なくしては、単独で勝家・信孝に対抗し得なかったことがわかる。また、この件について、家康の御意を受けた点にも注意すべきで、周到な根回しが行われていた。軍事的対抗に多数派工作は欠かせなかった。

信孝に謀叛の意があったのは事実である。同年十一月一日、信孝は吉川元春《きっかわもとはる》（毛利元就の次男）に書状を送った（「吉川家文書」）。冒頭に小早川隆景《こばやかわたかかげ》（毛利元就の三男）と相談したとあるので、これより以前に毛利方と通じていたのは間違いないだろう。信孝は毛利方に誓紙を差し入れて、互いの協力関係を結んだのである。当時、毛利氏は秀吉との間で国境画定の交渉をしており、そういう意味で信孝の申し出を断る理由はなかった。両者の利害は一致した。

同年十二月七日、秀吉は黒田孝高、蜂須賀正勝《はちすかまさかつ》に書状を送り、信雄を迎えるために、近江に行くことを伝えた（「黒田家文書」）。これは戦いに先立ち、信雄を擁立するためである。同年十二月十三日には、信雄は尾張松ノ木城（岐阜県海津市）の吉村氏吉《よしむらうじよし》に対し、美濃へ出陣することを伝えている（「吉村文書」）。信雄も腹をくくり、信孝の討伐に動いたのである。やはり、秀吉の思いどおりになったのだ。

勝豊を調略する

以降の経過を詳細に記すのは、天正十年に比定される十二月十八日付の八郎《はちろう》（宇喜多秀家《うきたひでいえ》）宛の秀吉書状である（「小早川家文書」）。

秀吉の軍勢は信雄を迎え入れるため九日に発ち、十二日に佐和山城に到着すると、そのまま近江北部に軍勢を繰り出した。そして、勝家の甥で養子となった勝豊が籠る長浜城を攻めたところ、勝豊は人質を出すことで、秀吉に抵抗しない姿勢を見せた。和睦の提案である。

和睦の提案を受けた秀吉は、勝豊から人質を取ることで了承した。一説によると、例年にない豪雪が原因で和睦を結んだという。そして、横山城（滋賀県長浜市）をこしらえ、佐和山城には弟の秀長を置いた。秀吉による長浜城攻略はあっけなく終わり、勝豊を配下に収めることに成功した。勝家は近江の拠点を失ったので、劣勢に立たされた。

『柴田退治記』によると、越前国は初冬から春にかけて雪が深く、兵糧を運びにくかったという。また、ここで兵を起こすには、人馬や百姓の疲れが懸念された。そこで、秀吉は地理に明るい長浜へ方向転換し、長浜城を攻囲した。結果、勝豊は越前からの援軍が期待できず、ついには降参したと書かれている。

一説によると、勝家に実子の権六《ごんろく》が誕生したので（養子との説もある）、養子の勝豊は後継者としての地位を失い、さらに疎まれていたという。また、勝家の甥・佐久間盛政が重用されるにおよび、その気持ちはますます強くなった。それゆえ、秀吉の攻撃に対しても、あっさり降伏して軍門に降ったといわれている（『柴田退治記』など）。

降伏した信孝

十二月十六日、秀吉は美濃大垣城（岐阜県大垣市）に到着。稲葉氏から人質を受け取ると、そのほかの西美濃衆も次々と秀吉に人質を差し出した。美濃の国衆は信孝ではなく、秀吉に従うことを決め、人質を差し出したのだ。そのうえで秀吉は城々に軍勢を置いた。

先に取り上げた「小早川家文書」には、具体的に城の名前を書いていないが、味方になった美濃の国衆の城であろう。以上の点については、秀吉が高木氏に宛てた書状にも書かれている(「西尾英吉氏所蔵文書」)。こうして信孝包囲網が形成され、秀吉が優位に立ったのは明らかだった。

信孝は戦いの不利を悟り、秀吉に和睦を申し出た。秀吉は信孝に許さないという強い態度を示しつつ、赦免を考えないこともないとの意向を示している。結局、信孝は秀吉の攻勢に遭って、命こそ取られなかったものの、屈服させられたのである。秀吉も信孝を殺害することには、躊躇を覚えたかもしれない。敵対したとはいえ、信孝は主君筋の人物だったからだ。

秀吉は寒天で年の瀬でもあるので戦いを中断し、西国方面のことは春になってから措置をすると述べた。西国方面とは、毛利氏のことを示していると考えられる。そして、秀吉は安土城まで信雄のお供をして、それから姫路城に帰ることにした。つまり、天正十年の年末で、信孝の一件は解決したのである。

しかし、これで信孝が完全にすべてを諦めたわけではなかった。その結末は、翌天正十一年に持ち越されることになる。

信雄が名代に

勝豊の降参後、戦後の措置が行われた。措置を行ったのは、清須会議のメンバーのうち柴田勝家を除く、秀吉、長秀、恒興の三人である。秀吉単独でなく、長秀と恒興が加わったのは、清須会議での合意事項が変更されたからである。敵対する勝家がメンバーから外れたのは、当然だった。

天正十年十二月二十一日、恒興、長秀、秀吉の三人は、東美濃の遠山《とおやま》佐渡守・半左衛門《はんざえもん》尉《じょう》父子に連署状を送った（「安土城考古博物館所蔵文書」）。そこには、織田信雄が三法師の名代になったことが記されている。当初、名代は置かないことになっていたが、信孝から三法師を奪い返し、信雄が名代を務めることになったのである。このとき、森長可が使者を務めているのは、東美濃に勢力を拡大し、秀吉に接近したからだろうか。

この書状では、信雄を示す「三介」の前に欠字（貴人に敬意を表するため名前の前を一字空けること）がある。また、使者の長可が詳しいことを「可被申候（申さるべく候）」とあり、長可に敬意を表した表現が用いられている。

つまり、秀吉ら三人は、信雄を実質的な織田家の家督後継者とみなした節がある。それは、三法師が成長するまでの暫定的な措置だったのかもしれない。

同日付で、恒興、長秀、秀吉の三人は、同じく遠山佐渡守・半左衛門尉父子に連署状を送った（「上原孝夫氏所蔵文書」）。こちらのほうには、明らかに「三介様（信雄）御家督儀」とあり、分国の諸侍が残らず参上し、挨拶を申し上げたとある。そして、森長可が美濃における取次を担当し、信雄の意向を伝えると書かれており、先述した「可被申候」が用いられている。同日に発給された、東美濃の和田光明《わだみつあき》宛の連署状にも同じことが記されている。

長可が取次として詳細を伝えることはわかったが、なぜ長可の行為に「可被申候」が用いられたのだろうか。

もともと美濃は織田家の領国であり、信長の死後は信孝が支配を継承した。だが、信孝は秀吉に屈服したため、対抗する信雄の後継者としての地位が強化されることとなった。秀吉らは信雄の意向について、長可を通して美濃の国衆に伝えた。長可に敬意を表した文言を用いたのは、織田家の家督たる信雄の使者的な役割を果たしていたからだろう。

では、そのなかで秀吉は、どのような役割を果たしたのか。

天正十年十二月二十三日の秀吉書状（遠山佐渡守宛）は、前半部分こそ先に取り上げた

「安土城考古博物館所蔵文書」と同じ内容だが、後半部分は異なっている（「長浜城歴史博物館所蔵文書」）。遠山氏に対して、信雄の使者たる森長可の意見を聞くのがもっともだとしたうえで、長可に伝えたいことがあれば、秀吉が承るとしている。

この動きを見る限り、信雄は長可を使って間接的に東美濃衆に命を伝え、東美濃衆が長可に伝えたいことがあれば、秀吉を介することになったことがわかる。信雄は、秀吉ら三人の宿老から名代（あるいは家督）として擁立されたものの、いまだ十分に権力を確立していなかったようにも受け取れる。つまり、秀吉は信雄を織田家の家督に据えたが、信雄の権限は制限されていたのだろう。

一方で、滝川一益も秀吉に叛旗を翻していたことがわかる。天正十年に比定される十二月二十六日の秀吉書状（小島《こじま》宛）は、信雄と信孝のことは解決したので、一益から砦を築くよう要請があっても、早々に引き払うようにと述べている（「小島文書」）。同じことは一益にも伝えているので、鉄砲を一発でも放ってはならないとある。秀吉に対する一益の暗躍ぶりがうかがえる内容だ。

同年十二月には、秀吉単独（あるいは秀吉・長秀連署）の禁制が美濃・近江の寺社などに多数発給された。信雄、信孝の禁制も美濃国内に発給されている。いずれも、それぞれの軍勢が濫妨狼藉を働くことを禁止したものであるが、いまだ寺社などには警戒心があったのだろう。

上杉景勝との和睦

天正十一年閏正月四日、信雄が安土城に移ると、秀吉ら宿老衆は年始の挨拶のため参上した（『多聞院日記』）。東国の様子については、一益、家康、信孝、勝家が一味しているとの噂を載せている。家康も信長に仕えていたのだから、秀吉の振る舞いに反発心を抱いても不思議ではない。この月、信雄はいまだ残る本能寺の変の影響を考慮し、安土山下町に預物、質物《しちもつ》（質に入れる品物）などについて法を定めた（「八幡町共有文書」）。

それは、あくまで信長の時代を踏襲したものであり、三法師の名代としての役割を果たしたものだった。とはいいながらも三法師は幼く、実質的な認識として、信雄は織田家の家督を継いだとみなしてよい。

天正十一年に比定される一月十七日付の秀吉書状（小早川隆景宛）には、信雄が安土に至ったことを記し、家督の地位にあったとする（「歴代古案」）。そして、諸国の面々が信雄のもとに出仕したと書いている。信雄は三法師の成長後に家督を譲る予定だったのだろうが、三法師が成長するまで一時的に家督を継いだと考えてよい。

天正十一年二月になると、新たな動きが生じた（「歴代古案」）。一月十二日に上杉方から書状と誓紙が送られ、二月四日に秀吉のもとに届いた。秀吉が景勝からの誓紙を信雄に見せると、信雄は大いに満足したという。信雄はこれまで織田家と敵対関係にあった上杉氏と誓紙を交わし、和睦を結んだのである。

和睦を結んだのには、もちろん理由がある。それは、越後の上杉景勝と同盟することにより、越前の柴田勝家を牽制するためだった。信雄と秀吉は景勝と和睦することにより、来るべき勝家との戦いに備えたのだ。しかし、実際に景勝が望んだのは信雄ではなく、秀吉の血判した誓紙だった。景勝は、信雄よりも秀吉を評価していた。

同日付の石田《いしだ》三成《みつなり》ら三人の連署状には、秀吉が景勝に示した条件について、興味深いことが書かれている（「別本歴代古案」）。景勝が家康に対して言い分があれば、秀吉が仲介しようというものが一つ。景勝が北条氏政に敵対心があるならば、以後、秀吉は氏政と書簡のやりとりをしないとして、景勝に越中への出兵を求めている。和睦を交わしたのは、交換条件によるものだった。景勝が秀吉を評価したのは、織田家中の実権を握っていたからだった。

同年二月六日、信雄は尾張の吉村氏に書状を送り、一益を退治すべく五畿内・西国の兵を動員することを伝え、同時に出兵を促した（「吉村文書」）。

翌二月七日、秀吉は和泉国の沼間《ぬま》氏ら四人に書状を送った（「古文書纂」）。その内容は、一益が悪心（信雄・秀吉への敵対心）を抱いているので、来る二月十日に北伊勢へ出馬する意向を示したものである。つまり、秀吉は一益を討ち果たすべく、信雄を利用したと考えられよう。

同趣旨のことは、宇喜多秀家にも報告された（「長浜城歴史博物館所蔵文書」）。秀家宛の書状には、勝豊が人質を出して屈服したので、すぐに越前の柴田氏のもとに攻め込むところであるが、雪が深かったので断念したとし、まずは不届きな一益を討ち果たそうとする考えを示した。この頃の秀吉は、すでに屈服した信孝を危険視することなく、織田家の宿老クラスで敵対する勝家・一益の討伐を一番に考えていたことがわかる。

北伊勢方面の攻略

天正十一年二月十一日、秀吉は前田利家の家臣・奥村永福《おくむらながとみ》に書状を送った（「金沢文書」）。内容は北伊勢の出陣に際して、鉄砲三十挺、大舟十二艘を桑名浦（三重県桑名市）まで輸送するよう命じたものである。文書中の「仰せ出され」の主体は信雄であり、奥村氏の主君である前田氏に披露を願っている。あくまで秀吉は、信雄を戴く姿勢を見せた。

越前の柴田氏への対策も万全を期した。同年二月十三日、秀吉は浅野長吉（長政）、一柳直末《ひとつやなぎなおすえ》に書状を送った（「古文書纂」）。まず、越前の手前に城を築き、仙石秀久《せんごくひでひさ》、谷平介《たにへいすけ》に警固を任せることにし、二月十四日には伊勢桑名に向かうので、長吉と直末には砦の普請が済み次第、出陣するように命じた。いまだに越前は雪が深かったが、警戒は解かなかったのだ。

すでに同年二月十二日の段階で峯城（三重県亀山市）を攻囲して陣を置き、桑名城（同桑名市）には外構まで放火すると、十六日に亀山城の惣町・端城《はじょう》を取り巻いていた（「歴代古案」）。さらに秀吉は、前田氏家臣の奥村長右衛門《おくむらちょうえもん》に書状を送り、亀山・峯の両城の攻囲が万全なこと、清須にある大筒（大砲）を熱田（名古屋市熱田区）から運搬せよとの信雄の意向を伝えた。

同年二月二十八日、秀吉は藤井主計《ふじいかずえ》に書状を送り、より詳しい戦況を伝えた（「近藤文書」）。先述した峯・亀山の両城に加えて、国府《こう》城（三重県鈴鹿市）を攻囲していたことが判明する。国府城から助命の嘆願があったので、これを認めて二月二十二日に同城を接収したという。

亀山城は先に触れたことに加え、東西の矢倉を多数崩したとある。峯城は、羽柴秀長、筒井順慶、長谷川秀一、蒲生氏郷のほか、近江の諸大名など数万騎で攻囲し、塀も埋めたので、ほどなく落ちるだろうと書いている。

二月十六日に、桑名、谷山、峯などに放火したものの、桑名の滝川一益の兵は一人も出てこなかった。そして、二月二十八日には、信雄が出陣することになった。秀吉は伊勢平定の本意を遂げたのちは帰陣するとしており、この時点で一益との戦いの勝利は動かないものになっていた。一方で、越前への備えも指示している。

柴田勝家との対決

北伊勢方面の攻略の目途がついた秀吉は、次に越前の柴田氏を攻略する。天正十一年に比定される三月五日付の秀吉書状（遠山佐渡守宛）には、次のように書かれている（「長浜城歴史博物館所蔵文書」）。

越前の柴田氏を討伐すべく秀吉が佐和山（滋賀県彦根市）へ赴いたところ、敵は柳瀬（同長浜市）に引き籠って動かないという。そして、明日（六日）には柳瀬に向かい、戦闘に及ぶと書かれている。すでに、越前と近江の国境付近では小競り合いがあったようだ。当時、国境付近で戦いが行われることは多く、互いに突破されないよう前線を死守しようとした。

同じく三月十日付の秀吉書状（村上頼勝《むらかみよりかつ》宛）には、三月九日に安土に入ったこと、越前から敵が出陣したので、討ち果たしたと書かれている（「長浜城歴史博物館所蔵文書」）。柴田勝家は自身の書状で、三月九日に近江北部に至る計画であると書いているので、前衛の部隊が先に近江北部に出陣していたのだろう（「古今消息集」）。三月三日の時点において、勝家は伊賀衆に近江への出陣を依頼していた（「古証文」）。南北から挟撃しようとしたと考えられる。

勝家は前田氏など北陸の諸勢力に注意を払いつつ、味方となる勢力に援軍を依頼した。その依頼した人物こそが、いまだに秀吉との関係が改善していなかった足利義昭、そして毛利輝元である（「古証文」）。足利義昭はこの段階に至っても、なお室町幕府再興の夢を捨てていなかった。そして、輝元は中国地方最大の大名で、単独で秀吉に対抗できる数少ない大名だった。

その際、勝家は自身の手紙のなかで、秀吉が北伊勢で一益と戦って敗戦したと虚偽の報告を行い、そのうえで義昭に対して、輝元とともに出陣するよう依頼した。勝家は自身が有利であるように見せかけたが、この援軍は実現しなかった。勝家と秀吉とどちらが有利なのか、毛利氏としては判断がつきかねていたのだ（「毛利家文書」）。というよりも、安芸《あき》から近江までは遠く、備前には秀吉方の宇喜多氏がいたのだから、出兵は不可能だったといえる。

ところで、秀吉は遠山佐渡守と村上勝頼に宛てた書状のなかで、信雄を「殿様」と称し、三法師の名代である信雄が、あたかも織田家の家督であるかのように見せかけている。名代とはいいながら、一時的には織田家の家督の座にあった信雄が伊勢に出兵することは、戦いを運ぶうえで非常に有利になると考えたのだろう。

同年三月十五日、秀吉は称名寺《しょうみょうじ》（滋賀県長浜市）に書状を送った（「称名寺文書」）。秀吉は、敵軍が出陣してくるが、敗北するであろうと述べている。そのうえで、余呉・丹生《にう》（以上、同長浜市）の山に隠れている土民・百姓に忠節を尽くすよう呼び掛けてほしいとし、首を獲った者には知行を遣わし、隠物《かくしもの》（隠しておいた財産）を与えるとした。望みがあれば、諸役を免除すると記している。秀吉は戦後を見据えて、早い段階で土民・百姓を味方とし、彼らの還住を促そうとしたのである。

着々と進む勝家包囲網

さらに秀吉は、越後上杉氏との連携を図ろうとしていた。同年三月十七日、秀吉は上杉家の家臣・須田満親《すだみつちか》に書状を送った(「須田文書」)。

書状の前半部分で、北伊勢での戦況は秀吉側が圧倒的に優勢であることを伝えている。その後、勝家が近江北部に進出したので、秀吉が長浜城に引き返すと、柴田軍は柳瀬に退いたという。そして、十七日には賤ヶ岳(滋賀県長浜市)で柴田軍と交戦し、同地を占拠したと記す。

さらに秀吉は満親に、柴田軍を加賀・越前に追い詰めるので、能登・越中は景勝のものになるだろうと伝えた。先述した同盟関係をもとに、上杉氏に勝家劣勢の情報を与えたのだが、以後の戦いで勝家が討たれることによって、上杉家の領土拡張が実現することを明記している。

三月二十一日、秀吉は京都の本法寺《ほんぽうじ》(京都市上京区)に書状を送り、柴田勝豊が病気のため同寺を宿にすること、そして勝豊のために尽力してほしいと伝えた(「本法寺文書」)。それだけでなく、秀吉は医師の曲直瀬正紹《まなせまさつぐ》(曲直瀬道三《どうさん》の養子)に書状を送り、勝豊の治療を依頼している(「慶応義塾図書館所蔵文書」)。秀吉が、病身の勝豊に手厚く対処した様子がうかがえるが、勝豊は同年四月十六日に病没した。

三月二十七日、秀吉は家康の家臣・石川数正に書状を送った(「長尾文書」)。北伊勢の戦況や近江北部で有利に戦った点は、同じことを書いている。そして、丹羽長秀が若狭から越前敦賀(福井県敦賀市)に侵攻して火を放ち、そのまま二万ばかりの軍勢で城の麓に陣を置いたとある。秀吉自身は長浜に向かい、近江と越前の国境付近の仕置きを命じ、それから安土へ行って、北伊勢の見回りに行く予定を告げた。

安土へ行くというのは、三法師に面会することにほかならない。秀吉の精力的な動きがうかがえるが、北伊勢に行くというのは単なるポーズに過ぎず、現実的に行くのは困難だった。秀吉は家康にフットワークの軽さを強調し、自身の有利な状況を伝えたかったのだろう。

三月末日になると、秀吉は北伊勢に出陣中の弟・秀長に小屋の取り壊しを命じた(「長浜城歴史博物館所蔵文書」)。小屋とは、戦地における宿営地である。北伊勢を平定したので、秀長を通して出陣中の諸大名に小屋の破壊を命じ、それ以前に陣払いをすることが禁じられた。また、小屋で火を出すことはご法度だった。

この間、秀吉は近江北部の寺社、郷村に大量に禁制を発給した。これは寺社、郷村の要望によるもので、制札銭（制札を手に入れるための代金）と引き換えに下付された。戦場は、近江北部に移っていたのである。さらに、秀吉は斎藤刑部丞《さいとうぎょうぶ》に書状を送り、越中の瑞泉寺（富山県南砺《なんと》市）、安養寺（同富山市）が「牢籠《ろうろう》」としている（困窮している）ことから、彼らが一揆を催し柴田氏を攪乱すれば、以前のように本知行を与えると伝えた（「瑞泉寺文書」）。後方からの攪乱である。勝家包囲網は、着々と進んでいたのである。

抜かりのない秀吉の作戦

この間の秀吉の行動を詳しく記しているのは、天正十一年に比定される四月三日付の秀吉書状（弟の秀長宛）である（「長浜城歴史博物館所蔵文書」）。

秀吉は勝家との決戦を控え、状況によっては五畿内に帰った衆に陣触れし、木之本（滋賀県長浜市）方面に陣取りをするよう命じた。さらに下々の者にまで陣触れを行い、刃物を研がせるなど、出陣の準備を整えさせた。さらに、火の用心が肝要なこと、また、柴田勝豊の砦に何かあれば、外聞に関わるので注意を促した。惣構《そうがまえ》の堀より外へ鉄砲衆などを出してはいけないことなど、細かく注意を行っている。

そして、敵は叩かれて面目を失い、国元へ逃げるわけにもいかず、手詰まりであるので、秀吉方も足軽を一兵すら出さなければ、いよいよ手詰まりになるだろうとある。要するに持久戦に持ち込んだうえで、敵に五日、十日と陣を取らせ、ゆうゆうと戦ったらよいとしている。勝家が近江を死守しようとするだろうことを逆手にとって、持久戦に持ち込もうとしたのは、長期戦になれば勝家方の兵糧が尽きると予想したからだろう。

その間、秀吉は播磨へ軍勢を率いて、同地で秀長からの報告を聞くという。安土に秀吉が滞在している間に、秀長の軍勢が退くことがあっては不慮であると記している。つまり、秀吉は播磨に退くふりをして、勝家方を油断させる作戦をとったのだ。

そして、塩津（滋賀県長浜市）ほかで人留めをして、敵に情報が漏れないよう措置を依頼した。人留めとは、人の通行を禁止するものである。現在の長浜を中心に何カ所かで人留めをしたのだから、徹底した情報管理である。

秀吉は杉原家次らに対しても、敵は秀吉が退いたと考え、何も考えずに木下昌利《きのしたまさとし》、木村《きむら》重茲《しげこれ》、堀尾《ほりお》吉晴《よしはる》の陣に攻めてくるだろうから、退かないように指示し、合わせて先遣隊を派遣したとする。杉原家次には坂本城、もう一人（宛名欠）には長浜城の留守居をそれぞれ任せた（「信松院文書」など）。すでに、柴田軍に対する迎撃態勢は整っていたのである。

秀吉は越中において一揆を催すように促したが、続けて、北陸方面における調略を行った。同年四月五日、秀吉は柴田方の原長頼《はらながより》に書状を送った（「古簡雑纂」）。長頼は、勝家の配下にあった人物である。

秀吉は長頼に、味方になれば越前国大野郡を含めて五郡を与えるとした。さらに加賀国を平定した場合は、越前国五郡に代えて、加賀国を与えるとまで述べている。この破格の条件に対して、長頼の心が動かないはずがなく、その後、勝家を裏切ったのである。

同年四月八日、秀吉は本願寺の坊官・下間頼廉《しもつまらいれん》に書状を送っている（「本願寺文書」）。勝家が越前と近江の国境付近に出陣の際、加賀国で一揆を起こして成功した場合は、加賀国を御朱印により与えると伝えた。御朱印とは秀吉のものではなく、織田信雄の御朱印ということになろう。信雄は、印文に「威加海内（天下に威力を示す）」の朱印を用いていた。

秀吉はすでに斎藤氏を通して、越中国内の個別の寺院に対して決起するよう依頼を行っていたが、本願寺にも話を持ちかけたのだ。秀吉は一揆をけしかけることにより、勝家に揺さぶりをかけたのである。

毛利氏へのアプローチ

同年四月六日、室町幕府の再興を模索していた足利義昭は、勝家と秀吉との合戦に乗じて、毛利輝元、吉川元春に上洛するよう呼びかけた（「徳山毛利文書」など）。以前、勝家が義昭を通して、輝元の出兵を促していたので、再度義昭から求めたものであろう。しかし、義昭の目論見は、現実的に不可能だった。同じ日、勝家も輝元に書状を送り、重ねて出兵を促していた。

勝家は、秀吉が新城を三つこしらえて軍勢を入れ、秀長らを置いたあと、秀吉が近江南部に退いたとして、秀吉を引き出し、決戦に臨むことを伝えた。その上で、輝元に四カ国の兵を率いて、急ぎ出陣するよう求めた。勝家が秀吉との戦いに勝利して、義昭らが上洛を果たした場合は、以後の援軍は不要と述べている。勝家は義昭の動座（上洛）を求めているので、秀吉を討った後、義昭を擁立して正統性を確保しようと考えたのだろう。しかし、それは先述したとおり、秀吉の周到な作戦の前ではまったく無駄なことだった。

この間の戦況をうかがう史料は乏しいが、四月八日付の秀吉書状（多賀常則《たがつねのり》宛）に少しばかり書かれている（「下郷共済会所蔵文書」）。常則はもともと信長の配下にあったが、その死後は秀吉に仕えていた。

秀吉が砦を二つこしらえて軍勢を置き、安土に戻ったところ、その留守を柴田軍が惣構に攻めてきた。秀吉軍が鉄砲を放ったところ、敵は手負いの者が出て、高山《たかやま》（滋賀県長浜市）に北上したという。そのように有利な戦況を報告したうえで、多賀氏に出陣を要請した。こうした多数派工作は、ほかの国衆らにも行われたに違いない。

四月十二日、秀吉は勝家が味方にと頼んでいた毛利輝元、小早川隆景に書状を送っている（「毛利博物館所蔵文書」）。当時、両者は中国国分の交渉の最中でもあった。

書状の前半部分では、北伊勢を制圧しつつあること、柴田氏を追い詰めた状況を報告している。しかも、その書きぶりは、秀吉の圧倒的な優勢を伝えるものだった。秀吉は長浜城にいるが、二、三日中に上洛すること、詳しい状況は書状を遣わした飛脚も見ているので、詳細を尋ねるとよいと記している。

秀吉は信長の家中において、自分の真似をできる者はいないこと、また対抗できる者はいないと述べている。以前、輝元から秀吉に書状が送られていたが、忙しさのあまり返事を出していなかった理由について、秀吉は自らの軍勢や城攻め、野戦の様子を見た者を輝元に遣わしたいと思ったという。そして、その者をいまだに自分の手元に留めているとし、近日中に上洛するので、京都で返事を書きたいとしたためた。

秀吉は自らの威勢を輝元に伝え、屈服させたかったようだ。そのため使者に戦いぶりを見せたうえで、輝元に遣わそうとした。あるいは、勝家と輝元が密かに連絡を取り合っていたことを知っていたのだろうか。こうした秀吉の威圧的な発言は、もっとも得意とすることだった。秀吉の輝元への書状は、少なくとも勝家に不利な情報となった。

佐久間盛政の急襲

四月十三日、柴田勝豊の家臣・山路《やまじ》正国《まさくに》が謀叛を起こした（『柴田退治記』など）。正国は佐久間盛政の調略により、勝家方に走ったという。この事実は二次史料でしか知られなかったが、今では四月十八日付の秀吉書状（中川清秀など宛）によって裏付けられた（『当市玉井氏所蔵品売立目録』掲載文書）。秀吉方の動揺がうかがえるが、冷静な対処を指示している。

四月十六日に秀吉が大垣に到着したところ、北伊勢の峯城・神戸《かんべ》城が落ちたので、一通りのことを申し付けて安土に戻り、やがて姫路に帰城することを亀井《かめい》茲矩《これのり》に報告した（「亀井家文書」）。同時に、北近江における有利な戦況も伝えた。

秀吉が大垣に行ったのはほかでもない。信孝が挙兵したからである。この動きは、勝家に与同したものだった。四月十七日の時点において、京都方面にも信孝が秀吉に対して、別心を構えたとの風聞が流れていた（『兼見卿記』）。

この一報を耳にした秀吉は激怒し、美濃の氏家直通《うじいえなおみち》（行広《ゆきひろ》）の館に向かうと、すぐに岐阜への出陣を決定し、陣触れを行ったという。信孝が柴田勝家と結託していたことは、奈良までも伝わっていた（『多聞院日記』）。信孝は秀吉に屈服したように見えたが、密かに挙兵の準備を進め、勝家と連絡を取り合っていたのだろう。

実際に、秀吉軍と柴田軍が交戦したのは、四月二十日のことである。柴田方の佐久間盛政は、大岩山（滋賀県長浜市）に陣を置いていた中川清秀の陣を急襲し、死に至らしめた（『兼見卿記』など）。急襲された中川氏は、約六百の兵を失ったという（『多聞院日記』）。大岩山砦は余呉湖の東岸にある大岩山（標高二八〇メートル）の山頂に築かれ、清秀が守備をしていた。清秀は有力な武将だったので、秀吉には大きな痛手となった。

佐久間盛政は「鬼玄蕃」と称されるほどの勇猛果敢な武将として知られ、「身長六尺」（約一八〇センチ）の巨漢だったといわれている（『佐久間軍記』）。本能寺の変の勃発前は勝家に従って、北陸方面を転戦していた。盛政の父・盛次《もりつぐ》の妻は勝家の姉といわれており、勝家は叔父に当たる。

この間の経緯について、軍記物語では次のように述べている。


秀吉に与した柴田勝豊の家臣が盛政の家臣が盛政に対し、秀吉が大垣に赴いており留守であると密告した。報告を聞いた盛政は、中川清秀の砦を急襲する作戦を勝家に提案した。当初、勝家は反対したが、盛政の強い進言により、砦を落としたらすぐに戻ることを条件に承諾した。結果、盛政の急襲は成功し、清秀を大岩山で討ち取るという軍功を挙げたのである。

しかし、清秀の死は、亀井氏への秀吉書状には書かれていない。士気の低下を防ぐためだろう。秀吉は自身に有利な情報はしっかり書くが、不利な情報を隠蔽《いんぺい》する傾向があった。清秀の悲報に接した秀吉は、木之本へと移動する（『柴田退治記』など）。

清秀が戦死した四月二十日、毛利方は秀吉と勝家とどちらが有利か検討していたが、結論は出なかった（「毛利家文書」）。輝元は中国国分のことで秀吉と交渉中だったが、いまだどちらに与すべきか判断に迷っていたのである。

賤ヶ岳の戦い前夜

こうして秀吉と勝家は、賤ヶ岳で雌雄を決する。賤ヶ岳は標高四二一メートルの山で、北に余呉湖がある。ここから北国街道で今庄《いまじょう》（福井県南越前町）に至り、さらに北庄（同福井市）に行くことができた。近江と越前の国境付近でもある。秀吉が賤ヶ岳を攻略すれば、勝家の北庄へのルートを封じることが可能になった。逆に勝家が勝利すれば、近江を攻略するルートを確保することになる。互いに譲れない戦いだった。

四月二十日の時点で、秀吉は大垣にいたが、中川清秀が大岩山で討たれたことを知った。秀吉は勝家と天下の雌雄を決するのはこのときと考え、即座に決戦の場の賤ヶ岳に急行した。そのスピードは尋常ではなかったとされ、「美濃大返し」といわれている。以下、『柴田退治記』の記述を挙げておこう。

清秀が討たれたのは、四月二十日の午前十時頃。秀吉は勝家の討伐を決意し、垂井（岐阜県垂井町）、関ヶ原（同関ケ原町）、藤川（同上）を早馬で駆け抜け、美濃と近江の国境付近の伊吹山に至った。すでに馬を乗りつぶし、将兵は息が切れて亡くなる者が多かったという。そして、夕日が西に傾く頃、小谷《おだに》の宿に到着した。

このあとの『柴田退治記』の記述によると、四月二十日の申《さる》の刻（午後四時の前後二時間）に大垣を出発し、戌《いぬ》の刻（午後八時の前後二時間）に木之本に到着。秀吉の軍勢は、十三里（約五十二キロメートル）の道のりを二時半《ふたときはん》（約五時間）で駆け抜けたという。つまり、時速約十キロのスピードである。

兵糧は準備をする時間がなかったので、道中の村々に飛脚を送り、食糧を供出するよう触れを出した。その内容は秀吉が曙《あけぼの》に一戦に及ぶので、家一軒で米を一升ずつ炊いて糒《ほしい》とし、木之本に持参してほしいというものだった。むろん、恩賞を与えるという条件である。このあたりは、秀吉の「中国大返し」の逸話に酷似している。すると、かつて秀吉が長浜を領していたこともあり、遠方からも支援があったという。

以上が「美濃大返し」の全容である。四月二十日に秀吉が大垣にいたことは、自身の書状に書いている（「亀井文書」）。秀吉が早馬で駆けたのならば、時速十キロの行軍は十分に可能である。従来いわれているような驚異的なスピードというのは、いささか大袈裟であろう。それは、『柴田退治記』が秀吉の意向により編集されたからである。

秀吉方「七本槍」の軍功

賤ヶ岳の戦いが開戦したのは、翌四月二十一日の卯《う》の刻（午前六時の前後二時間）である（『柴田退治記』）。

秀吉軍は、秀長の軍勢が加わるに過ぎないなど、無勢だった。諸大名は各地に散っており、おまけに従った将兵も遠路の移動で疲れ切っていた。

一方の勝家は、越前、越中、能登、加賀の四カ国から、約六万の兵を率いていたという。しかし、後述するとおり、柴田軍の軍勢はかなり誇張されている。

『川角太閤記』などによると、賤ヶ岳の戦いで大活躍したのが「賤ヶ岳の七本槍」（加藤《かとう》清正《きよまさ》・福島正則《ふくしままさのり》・片桐且元《かたぎりかつもと》・加藤嘉明《かとうよしあき》・脇坂安治《わきざかやすはる》・平野長泰《ひらのながやす》・糟谷武則《かすやたけのり》）の面々である。いずれも、秀吉の子飼いと称される武将たちである。二次史料によっては、「賤ヶ岳の七本槍」にほかの武将（桜井家一《さくらいいえかず》、石川一光《いしかわかずみつ》）を加えるものもあり、実際には「賤ヶ岳の九本槍」だったとの説もある。

参考までに言うと、同年六月五日、秀吉は「賤ヶ岳の七本槍」と桜井佐吉に対して、近江、丹波などに三千石、あるいは五千石（福島正則のみ）の知行を与えた。彼らが特別な存在だったことをうかがわせるが、あくまで後世に名付けられたものである。

桜井佐吉はあまり聞きなれない名前かもしれないが、最初は秀吉の弟・秀長の配下だった人物で、その死後は秀保《ひでやす》（秀長の養子）に仕えた。石川一光は賤ヶ岳の戦いで一番槍の軍功を挙げたが、敵に槍で突かれて戦死している。

戦いの結果、秀吉は寡兵をもって大軍の勝家に戦いを挑み、勝利した。敗北した勝家は、居城のある北庄へと逃亡したのである。とはいえ、兵数の少ない秀吉が大軍の勝家に勝ったという構図は、見直す必要があろう。

柴田軍を打ち破る

『柴田退治記』は秀吉の命を受け、大村由己が執筆したものである。したがって、かなり誇張あるいは劇的に描かれているのは止むを得ないだろう。六万余という柴田軍の兵数についても、どこまで本当なのかわからない。

勝家が敗北を喫したことは、『兼見卿記』『家忠日記』に書かれている。天正十一年四月二十一日、秀吉は美濃の高木貞利《たかぎさだとし》に戦況報告を行った（「高木家文書」）。この書状によれば、戦いが始まったのは、巳《み》の刻（午前十時の前後二時間）となっている。『柴田退治記』よりも四時間ほど遅い。『柴田退治記』は秀吉の朝駆けを強調するが、実際には早朝に攻撃していなかったのではないか。

秀吉の書状には、柴田勝家、佐久間盛政そのほか一人も漏らさず、ことごとく討ち果たしたと書いている。しかし、これは虚偽の報告であり、勝家も盛政も死んでいない。嘘をついたのは、自軍の優位を強調するためだろう。続けて、先手は越前府中に向かったので、秀吉も明日には越前に侵攻すると結んでいる。なお、勝家はわずか四、五騎で逃げたとも記すが、誇張した可能性もあり、事実か否かは不明である（「赤木文明堂文書」）。

同じく四月二十一日、秀吉は堀秀政にも書状を送っている（「上林三入家文書」）。秀吉は夜詰（夜間の戦闘）を行うので、秀政に府中に向かうよう依頼した。秀吉は、自分は疲れていないので府中に行くと述べ、続けて「秀政の将兵も疲れてはいないだろうから、このようなときはすぐに進軍するように」と結んでいる。秀吉の精力ぶりがうかがえ、ここで一気呵成に勝家を叩こうという意気込みが読み取れる。ただ、この書状も誇張しているように思える。

秀吉は、どれくらい敵兵を討ち取ったのだろうか。小早川隆景宛の秀吉書状などには、五千余を討ち取ったとある（「小早川家文書」）。やはり、柴田軍の六万余の軍勢は多すぎる。平均的な百石で四人の軍役で換算すると、六万の軍勢を準備するには、約百五十万石の知行高が必要である。当時の勝家にそれだけの動員力があるとは考えられず、多く見積もっても一万程度が妥当なところではないだろうか。それならば、勝家方の五千余が討ち取られて瓦解したことは理解できる。

『柴田退治記』の柴田軍の数に関する記述は、秀吉の要望による誇張だろう。それは、大軍を打ち破った秀吉の姿を強調するものだった。したがって、実際は互いに一万〜二万程度の軍勢で戦ったのではないだろうか。

勝家の最期

同年四月二十二日、織田信孝は家臣で美濃に本拠を置く小里光明《おりみつあき》に書状を送り、近江北部で中川清秀、高山右近を討ち取ったこと（右近を討ち取ったことは誤り）を伝え、勝家が敗北したという噂は秀吉の計略であると報じた（『川邊氏旧記』所収文書）。信孝が勝家の敗北を知ってそう書いたのか、あるいは知らずに書いたのかは判断しがたい。いずれにしても、勝家の敗北は知られたくない事実だった。

賤ヶ岳から岐阜までは、約五十キロメートル。早馬を使えば問題のない距離であり、信孝が勝家敗北の一報を知った可能性は否定できない。信孝は勝家の敗北を知っていたが、光明を安心させるため、秀吉の計略だと言った可能性が高い。なお、光明は最後まで信孝に仕えたが、その死後は徳川家康の配下になった。

勝家は北庄に逃亡したが、秀吉は追撃の手を緩めなかった。『柴田退治記』によると、勝家方の前田利家、徳山五兵衛尉《とくやまごへえじょう》らの諸将が秀吉に降参した。秀吉は勝家討伐を優先し、これを許した。逆に、勝家にとっては厳しい展開になった。

同年四月二十三日、秀吉は軍勢を率いて北庄城に押し寄せた。籠城側は三千余の兵が入っていたが、敗勢は濃かった。勝家は天守に入ると、股肱《ここう》の臣など上下を問わず、酒宴遊興に及んだという。もはや勝家は敗北を覚悟していた。

その後、勝家と妻のお市は辞世を詠み、自害に及んだという。勝家は妻らを刺し殺すと、自らも腹を切って五臓六腑《ごぞうろっぷ》（内蔵）を掻き出し、介錯された。残った股肱の臣の八十余人も、あとを追って自害した。北庄城が落ちたのは、天正十一年四月二十四日申の刻（午後四時の前後二時間）。有名な浅井《あざい》三姉妹（茶々《ちゃちゃ》、初《はつ》、江《ごう》）は焼け落ちる北庄城から脱出し、秀吉（あるいは信雄）に保護された。

同年に比定される四月二十四日付の秀吉書状（吉村又四郎《よしむらまたしろう》宛）によると、四月二十三日に秀吉軍は天守の土居まで攻め込み、勝家の首を切り落としたという（「赤木文明堂文書」）。そして、越前だけではなく、加賀、能登をも平定したと述べている。だが、勝家は自害したのであって、秀吉が首を切ったのではない。このあたりも誇張だろう。

四月二十五日付で小早川隆景らに宛てた書状には、平定した加賀、能登だけでなく越中が加えられ、さらにその後は金沢に至って、五月十日には上洛すると書いている（「小早川家文書」）。あえて自身の威勢を見せつけようと、越中も加えたのだろうか。秀吉は、自らの勝利を大袈裟に伝えていた。

なお、猛将と恐れられた佐久間盛政は、賤ヶ岳の戦い後に生け捕られた。秀吉は味方になれば許すと言ったが、盛政はこれを拒否。北庄城の落城後、盛政は車で京中を引き回されたうえ、山城国槙島（京都府宇治市）で斬首された。その首は、六条河原に晒されたのである（『柴田退治記』）。

秀吉の戦後処理

戦後の秀吉の動きに目を転じておこう。

同年四月二十四日、秀吉は「あこ（安居）大渡（福井市）」など渡舟を従来どおり許可すること、諸役以下を免除することを伝えている（「藤島神社文書」など）。同年四月二十六日には、誠照寺《じょうしょうじ》（福井県鯖江市）に対し、同寺および末寺に至るまで従前どおりであること、還住して仏事に専念するよう伝えた（「誠照寺文書」）。ともに、戦後復興を促すものである。

大量に秀吉が交付した禁制には、秀吉軍の濫妨狼藉や放火のことだけでなく、百姓の還住に煩いがない旨を加えている。一連の禁制は戦後になって発給されたもので、やはり戦後復興を促す一環のものと考えられる。戦闘中、百姓は散り散りになって逃亡することが多い。しかし、百姓がもとの場所に住み、耕作をしなければ、年貢の徴収が不可能になる。戦後における百姓の還住は、必須の政策だった。

勝家を裏切って、秀吉に与した前田利家には、加賀国内に石川、河北の二郡が与えられた。それは、『太閤記』といった二次史料にしか書かれていないが、史実とみなしてよいだろう。利家が当初勝家方についたのは事実だが、その後、秀吉の調略に応じた可能性が高い。そうであるならば、加増は条件の一つになろう。

越前国と加賀国の余禰《よね》郡・能美《のみ》郡については、秀吉から丹羽長秀に与えられた(「溝口文書」)。うち余禰郡については、長秀から溝口秀勝《みぞぐちひでかつ》に分け与えられた。信長の死後、秀勝は秀吉に仕え、賤ヶ岳の戦い後は長秀の与力になっていた。その軍功が認められたのである。秀吉の書状(溝口秀勝宛)のなかでも、百姓を召し返すことと、政治に励むようにと書かれている。

信孝の最期

一方の信孝はどうなったのだろうか。

天正十一年一月、信孝の家臣・玉井《たまい》彦介《ひこすけ》は香宗我部《こうそかべ》親泰《ちかやす》（長宗我部《ちょうそかべ》元親《もとちか》の弟）に書状を送り、長宗我部氏と誼《よしみ》を通じようとした（「香宗我部家伝証文」）。当時、元親は四国支配をめぐって、秀吉との関係が良好ではなかったので、渡りに船という提案だった。同年三月、信孝は元親に書状を送り、勝家と呼応して挙兵する旨を知らせた（「土《と》佐国《さのくに》蠹簡集《とかんしゅう》」）。このように両者は関係を強めたが、最終的に長宗我部氏は援軍に来なかった。畿内やその周辺は秀吉方の勢力が強く、「行けなかった」というのが実態だろう。

天正十一年四月十一日、秀吉は岐阜に出陣中の諸将に書状を送っている（「個人蔵」文書）。岐阜で敵が軍事行動を起こした際、少々の放火により町中が焼けなければ、別に問題はないと伝えた。この時点において、秀吉の軍勢が岐阜城下に在陣中だったことが判明する。また、同年四月二十四日の織田信雄書状（吉村又吉郎宛）により、この頃に信雄が美濃国に攻め入ったことが確認できる。もはや信孝は孤立無援で、降伏以外の道はなかった。

その後、信孝は亡くなったが、詳しい経緯についてはわかっていない。

『多聞院日記』天正十一年五月十日条によると、信孝は野間の内海（愛知県美浜町）で腹を切ったと書かれている。切腹を命じたのは、兄の信雄だった。この点については『川角太閤記』といった二次史料にも書かれており、野間《のま》大坊大御堂寺《だいぼうおおみどうじ》（同上）の安養院には信孝の墓がある。

勝家と信孝の死により、秀吉は本懐を成し遂げ、反秀吉勢力は一掃された。同年五月七日、秀吉は勧修寺晴豊《かじゅうじはれとよ》に書状を送り、朝廷から使者として吉田兼見《よしだかねみ》が派遣されたことを謝した（「安土城考古博物館所蔵文書」）。信雄でなく、秀吉だったことに注目すべきだろう。もはや秀吉は、朝廷から信頼される存在となったのである。

信雄の京都支配

信雄は伊勢制圧や岐阜への攻撃で功績があったものの、やはり存在感は薄いと言わざるを得ない。それは、織田家にとって、肝心かなめの京都支配にあらわれている。

五月二十一日、信雄は前田玄以に三カ条にわたる書状を送った（「古簡雑纂」）。

一カ条目は、玄以を京都奉行職に任じることで、もし難題が生じたときは秀吉に尋ね、指示に従うようにと書かれている。このことは、『柴田退治記』にも書かれている。信雄が玄以を京都奉行に任じたのは、彼が以前に信忠に仕えていたからだろう。

二カ条目は、洛中の用事については、信雄の墨付（書状）で行うようにと指示されている。つまり、洛中の支配は、信雄が任じた玄以が担当するということであるが、秀吉の役割が期待されている点に注意を払うべきである。

事実、同年六月、秀吉は洛中洛外に掟を下した（「今村具雄氏所蔵文書」）。全七カ条で構成されており、それぞれの概要は次のとおりである。

①新たに諸役を掛けてはいけないこと。
②喧嘩口論は、双方を処罰すること。
③失火、付火は罪科に処すべきこと。
④奉公人が町人に狼藉を働いた場合は、処罰すること。
⑤博打の禁止。
⑥秀吉が承知しない牢人の居住禁止。
⑦奉行人を差し置いての訴訟の禁止。

信雄は玄以を京都奉行に指名したものの、実質的にその役割を担ったのが秀吉だったのは明らかである。

同時に秀吉は、三カ条にわたって玄以に指示を行った（『本圀寺宝蔵目録《ほんこくじ》』）。洛中洛外に掟を補足した指示であり、概要は次のとおりである。
①洛中洛外において、奉公人が狼藉を働いた場合は、主に断ることなく処罰すること。
②自分の非を認めない者については、糾明を遂げること。
③裁判で片方に味方することを禁止し、よく言い聞かせること。
信雄は玄以を京都奉行職に任じたが、実際は洛中洛外における行政経験が豊富な秀吉を頼らざるを得なかった。朝廷が秀吉に使者を派遣したのには、そうした意味があったと考えられ、京都支配を信雄ではなく秀吉に期待した可能性がある。信雄は織田家の実質的な家督継承者とはいえ、秀吉の後塵を拝することになった。

同年六月十七日、佐々成政は新発田重家《しばたしげいえ》に書状を送り、信雄が信長の時代のように変わりなく天下を差配すること、そして秀吉が信雄を補佐することを伝えている（「石坂孫四郎氏所蔵文書」）。信雄は暫定的に織田家の家督を継いだものの、経験豊富な秀吉の補佐が必要だった。しかし、補佐とはあくまで形式的なことで、現実に京都支配の実質は秀吉に委ねられたのである。

中国国分をめぐる交渉

勝家と信孝を死に追いやった秀吉にとって、主だった敵は長島城に籠る織田家重臣の滝川一益を残すのみになった。

天正十一年五月十三日、秀吉は配下の岡本良勝と荒木《あらき》重堅《しげかた》に書状を送り、滝川方の軍勢が桑名に四千～五千の軍勢でやって来たことを告げ、和睦を結ぶこともありうるとの見解を示している（『思文閣墨蹟資料目録　九三』所収文書）。岡本良勝はもともと信孝の家臣であったが、前年に信孝が秀吉に屈したのを機に秀吉の配下に加わっていた。

一方で、秀吉は小早川隆景宛の書状のなかで、一益が籠る長島城を取り巻いており、敵の首をどんどん刎《は》ねているので、あとわずかばかりで城が落ちるとの認識を示している（「毛利家文書」）。秀吉が盛んに軍功を強調し、相手を威圧するのは、もはや常套手段になっていた。秀吉が一益の制圧に成功したのは、約三カ月先の同年八月のことである。

この頃の秀吉は、すっかり自信に満ち溢れていた。それは、中国国分における態度にしっかりとあらわれている。本能寺の変の勃発直後、秀吉は中国国分をいったん棚上げして一時停戦し、備中高松城から光秀の討伐に向かっていた。領土画定は毛利氏、秀吉にとっても重要な課題であり、備中・美作などを含め、どこで国境を区切るのかで交渉を進めていた。毛利方の窓口は安国寺恵瓊《あんこくじえけい》と林就長《はやしなりなが》、秀吉方の窓口は黒田孝高と蜂須賀正勝だった。秀吉は五カ国（備中、美作、備後《びんご》、伯耆《ほうき》、出雲）の割譲を提示したが、やがて備後と出雲は対象から外れて毛利氏が領有することになり、焦点は備中、美作、伯耆の三カ国をいずれが領するかに絞られた。しかし、三カ国に減ったとはいえ、交渉は難航を極めた。というのも、備中、美作は秀吉方の宇喜多秀家の領土でもあり、秀吉としてはそう簡単に譲れなかったのである。

長い交渉の結果、恵瓊と就長は毛利氏の首脳に対して、①備中外郡（高梁川《たかはしがわ》より東の地域）を秀吉に譲ること、②美作国を秀吉（実際は宇喜多氏）に譲ること、③虎倉城（岡山市北区）、岩屋城（岡山県津山市）から撤退すること、④常山城（同岡山市、玉野市）、松山城（同高梁市）、高田城（同真庭市）から一つを選択すること、という交渉結果を書状にしたためて送った。秀吉は強い態度を示しつつも、実際はかなり譲歩していた。

毛利氏に備中半国を譲った形であるが、当初から秀吉は織り込み済みであったと考えられる。毛利氏は伯耆のうち、八橋《やばせ》城（鳥取県琴浦町）の割譲を拒んでいた。秀吉が提案した国分に対しては、毛利氏の首脳が強い難色を示したことが知られているが、毛利氏首脳を強い言葉で説得したのが恵瓊であった。恵瓊は、秀吉と毛利氏の力の差が歴然としていることを説き、提案に応じるように求めたのである。しかし、中国国分はすぐには完了せず、もうしばらく時間を要した。

秀吉の恫喝ぶり

同年五月十九日、秀吉は小早川隆景に書状を送った(「毛利家文書」)。

書状の三分の二ほどは、柴田勝家、織田信孝との交戦状況であるが、相変わらず相手を威圧すべく、誇張した印象を受ける。そのうえで、「忠節を尽くした者には国郡を安堵する」「反抗する者は成敗すべきだが、人を斬るのは好まないので助けてやり、先々に国を与える」といったことが書かれている。つまり、秀吉に従えば、許したうえに所領安堵などの恩恵があるが、そうでなければ成敗するという、暗に毛利氏を恫喝した内容である。

そのうえで中国国分の話題を出し、秀吉に「腹を立てさせないことが肝心だ」などとして、東国は北条氏政、北国は上杉景勝まで、秀吉の思いのままなので、輝元も秀吉に従うならば日本は無事に治まり、それは頼朝以来のことであると述べている。秀吉は自らの威勢が大きいこと、ほかの大名がすでに屈服したことを背景にして、毛利氏に従うよう決断を迫ったのだ。

この中国国分には、信雄が関与したわけではない。最初から中国計略は秀吉に任されており、その流れで続けて交渉に携わったのだろう。とはいえ、信雄は名目的な存在にすぎず、秀吉がメインなのは明らかだった。それにしても文面は穏やかではなく、もはや秀吉の態度は天下人そのものである。

結論を先取りすると、翌天正十三年二月、ようやく毛利氏との領土配分が画定した。毛利氏は、備前児島（岡山県倉敷市など）と美作高田を諦めたが、八橋城と松山城は領有を認められ、備中も高梁川から西を手に入れた。毛利氏は不本意だったかもしれないが、恵瓊の尽力によって秀吉との全面対決を避け、一定の成果を得たのである。

天正十一年六月六日、秀吉は豊後の大友宗麟《おおともそうりん》にも書状を送った（『武家事紀』）。内容は、ほぼ信孝、勝家らの討伐の流れを詳細に書いたものである。書状の末尾には、秀吉は「大坂におり、この間に忠節を尽くした者どもは、国郡を与えて安堵の思いをさせている」と書かれている。さらに、「信長の時代に相談なさった筋目をもって、これからも良好な関係を続けるのがもっともだ」とも述べている。

この書状の書きぶりでは、秀吉が敵対勢力を一掃し、信長に代わる権力者のように見える。もはや、織田家の家督たる信雄や三法師の姿はない。秀吉はそのことを折に触れて書状にしたため、暗に諸大名に知らしめたのである。

大坂城の普請

天正十一年五月二十五日、秀吉は大坂の地を池田恒興から譲られた(『多聞院日記』)。その代わりに、恒興は大垣を、伊丹にいた子の元助は岐阜を与えられた(『柴田退治記』など)。その理由については、この時点で詳しく書かれていないが、同年十一月五日付の秀吉書状によると、「大坂は五畿内の要衝にあるので、居城に定めた」と書かれている(「常願寺文書」)。

大坂は京都に近く、大坂湾の海上交通や淀川の河川交通も魅力だった。つまり、物資の流通経路としての至便性が高かったのである。経済的には、近くの堺が商業都市として発展しており、大きな利点といえる。そのような理由によって、秀吉は大坂を拠点としたのだろう。

そもそも大坂城のルーツをたどると、明応五年(一四九六)に蓮如《れんにょ》が別院を設けたのがはじまりである。天文元年(一五三二)に山科本願寺が焼き討ちされると、証如《しょうにょ》によって大坂の地に本願寺が移された。頑丈な石垣や堀で囲まれていた城郭寺院だったので、石山城と称された。かつては石山本願寺と称されていたが、それは近世の呼称であり、今は大坂本願寺と呼ぶのが正しいとされる。

元亀元年（一五七〇）、織田信長と本願寺の関係が悪化し、両者は十年にわたって戦い続けた。しかし、反信長派の諸大名が次々と敗北すると、本願寺は敗勢が濃くなった。天正八年（一五八〇）三月に両者の間で和睦が結ばれると、本願寺は大坂の地を去った。代わりに大坂の支配を任されたのが、池田恒興である。

大坂城の築城工事が開始されたのは、天正十一年八月頃である。秀吉は三十数カ国から数万人の人夫や職人を動員して、大坂城の大改修工事を敢行した（『柴田退治記』など）。大坂城普請の監督的な地位にあったのは、黒田孝高と前野《まえの》長泰《ながやす》だった。工事が完成したのは、二年後の天正十三年のことである。

現在、残っている史料からいえることは、近江の職人が動員され、彼らには諸役の免除がなされていることである（「河路佐満太氏所蔵文書」）。また、秀吉により石集めに際して掟が定められたこと（「光源寺文書」）、村落などにも禁制が交付されたことがわかっている（「北風家文書」）。工事に携わった大名には、畿内のうちで造作料が与えられたという（『黒田家譜』)。

この間、秀吉は工事に際して、細かな指示を行った。たとえば、天正十一年に比定される八月十九日付の秀吉書状（小野木重次《おのぎしげつぐ》・一柳市介《ひとつやなぎいちすけ》宛）では、石ならば千塚（大阪府八尾市）のものがいいとし、石を運ぶために千塚から若江（同東大阪市）の本道まで道を作るように指示している（『城下町大阪』掲載文書）。この件に関しては、その後も指示が行われた（「稲木文書」）。

秀吉の大坂城築城は、諸大名を動員して行われた。『十六・七世紀イエズス会日本年報』には、最初は二、三万足らずの人夫が工事に従事していたが、遠国の大名に動員をかけた結果、ほぼ毎日約五万の人夫が工事に携わるようになったとある。もはや、秀吉は織田家を支える一宿老の枠を超えており、天下人を意識していたように思える。

信長への対抗心

大坂城築城の意図や工事の様子について、『十六・七世紀イエズス会日本年報』には次のように記されている。

（秀吉は）己が地位をさらに高め、名を不滅なものとし、格においてもその他何事につけても信長に勝ろうと諸国を治め、領主としての権勢を振るうに意を決し、その傲慢さをいっそう誇示するため、堺から三里の、都への途上にある大坂と称する所に新しい宮殿と城、ならびに都市を建て、建築の規模と壮麗さにおいて信長が安土山に築いたものを大いに凌ぐものにしようとした。

この報告によると、秀吉は信長に並々ならぬ対抗意識を燃やしており、安土城を凌ぐような城郭を望んでいた。それは単に城だけではなく、安土城下を超えるような城下町の建設をも含んでいた。フロイス『日本史』でも、ほぼ同様の記述が確認できる。

『十六・七世紀イエズス会日本年報』では続けて、大坂城築城における秀吉の意図を「己の名と記憶を残す」ところにあったと指摘する。信長の亡き後、秀吉は周囲から畏敬されるとともに、一度決めたことは成し遂げる人物であると評されていた。この工事では、各地から何万もの人夫が動員されたが、秀吉の動員を拒否することは死を意味したとまで記されている。

大坂城は天下統一の覇者にふさわしい大城郭で、本丸、二の丸、三の丸が設けられ、さらには外郭（惣構）も整備された。現在の大坂城は近代に至って規模が縮小したが、当時の惣構は広大だった。本丸には、五層八重の天守が建てられ、大坂城は秀吉の権力の象徴といっても過言ではなかった。秀吉は信長への強い対抗意識を持ち、何がなんでも大坂城を完成させるという強い意気込みで臨んでいたのだ。

秀吉の信長への対抗心は、外国の史料にしか見られない。ただ、人夫の数や諸大名の動員などを考慮しても、もはや秀吉の権力は天下人と等しかったのではないか。秀吉が京都と大坂を支配したことは、天下人を意識していたと言わざるを得ない。

信長の一周忌法要

天正十一年六月二日、大徳寺において、信長および信忠の一周忌の法会が営まれた（『兼見卿記』など）。

とはいいながらも、二人の一周忌に関する記録はさほど多くはない。法会に際しては、京都の諸山からも僧侶が参列し、秀吉も大坂からやって来た。信長の位牌所は、十二間（約二十一・八メートル）四方に新造されていたという（『多聞院日記』）。

参考までに『増補筒井家記』によると、参列者は織田秀信（三法師）、同信雄、羽柴秀吉、丹羽長秀、池田恒興、筒井順慶だった。参列した面々は、織田家と一部の宿老衆に限られていた。天下人の一周忌にしてはあまりに記録が乏しく、しかも規模が身内レベルに止まっている印象を受ける。寂しい一周忌だった。

この二日後、秀吉は離宮八幡宮（京都府大山崎町）に定書《さだめがき》を与えた（「離宮八幡宮文書」）。そのなかで注目されるのは、洛中の油座は信長以前に商売を禁止されたが、秀吉の定書によって許可されたことである。秀吉配下の杉原家次の書状によると、山崎の油座のことは天正十年から訴訟になっていたが、秀吉により商売が認められたことが書かれている（「離宮八幡宮文書」）。つまり、この頃の秀吉は、信長の決定事項を覆すだけの権限を持っていたのである。

とはいえ、依然として信長の決定事項を踏まえる例もあった。天正十一年六月二十六日、前田玄以は秀吉の意を奉じて、法金剛院（京都市右京区）に院領を安堵した（「天正十一年折紙跡書」）。この奉書（主人の意を受け家臣が発給する文書）を読むと、院領の安堵は「上様（信長）御朱印」と「春長軒（村井貞勝）折紙」が根拠になっていた。村井貞勝は、信長の時代に京都所司代を務めていた。いわば、前例をそのまま認めたということになろう。

しかし、重要なのは秀吉が「仰せ付けられた」ことであって、信長の朱印状は過去の先例に過ぎない。最終的に秀吉が決定することが重要なのである。また注目すべきは、前田玄以が秀吉の奉書を発給していることで、これは前田玄以が信雄でなく実質的に秀吉の配下になっていたことを示している。

諸大名との関係

最後まで秀吉に抵抗した滝川一益も、天正十一年七月下旬頃には長島城を退いた（「蜂須賀家文書」）。これにより、一益は命こそ助かったが、秀吉に屈し従属することになった。ただし、その後の詳しい動向はわかっていない。『当代記』によると、一益は上方方面で牢籠の生活を送っていたという。『十六・七世紀イエズス会日本年報』にはもう少し詳しく書かれており、退城した一益は剃髪《ていはつ》し、千五百人の家来とともに秀吉に従ったとある。

同年八月一日、秀吉は諸将に知行を宛てがった。知行宛行に関しては、膨大な数の発給文書が残っている。知行地の多くは、近江、山城、河内などの畿内およびその周辺である。『柴田退治記』によると、信雄は伊賀、伊勢、尾張を支配することになり、居城を長島城に定めた。秀吉は信雄に対して「屋形として崇仰《そうぎょう》（崇め敬うこと）する」とあるが、どこまでが真意なのか疑わしい。すでに秀吉は畿内を掌握し、諸大名を指示系統下に置いていた感があり、もはや信雄はお飾りに過ぎなかった。

その間も秀吉は、諸大名に書状を送った。同年六月、上杉家は秀吉に太刀や馬を贈り、一連の戦勝を祝した（「上杉家文書」）。これに対して秀吉は誓紙を差し入れて、今後も友好的な関係を築くことを確認した（「大石文書」）。その翌月、上杉家は秀吉に人質を差し出した。人質となったのは、景勝の養子・義真《よしざね》（畠山義春《はたけやまよしはる》の子）である。そもそも信長と景勝との戦いが端緒だったはずだが、景勝は信長の亡きあと、子の信雄ではなく秀吉と和睦を結んだのである。やはり、信雄は蚊帳《かや》の外である。

天正十一年七月二十九日、秀吉は太田資正《おおたすけまさ》、多賀谷重経《たがやしげつね》に書状を送っている（「福島於菟吉氏所蔵文書」『常総遺文』）。太田氏と多賀谷氏は、常陸の佐竹義重《さたけよししげ》の配下にあった。書状の内容はほぼ同じで、大半は本能寺の変から勝家らの討伐を時系列に述べたものである。そして、文末では信長の時代のように相談をすることとし、御用の儀があれば連絡してほしいとする。秀吉は、北条氏と対立していた常陸佐竹氏らを懐柔しようとしていた。秀吉が「信長の時代のように」と書いているのは、すでに自身を天下人だった信長と同列とみなしていたからではないか。

これより以前の六月二十日、佐竹義重は北条氏直と対陣していることを秀吉に報じ、誼を通じようとした。その要望に応えたのである。九月になると、秀吉は結城氏にも同趣旨の書状を送っている（「佐竹文書」）。この頃から秀吉は関東方面のことも考えていた。

織田家を凌駕した秀吉の威信

本章では清須会議後の政治的な流れを追ってきたが、特筆されるのは、秀吉のリーダーシップである。織田家の宿老体制を担ったのは、秀吉のほか勝家、長秀、恒興であったが、長秀と恒興の影は極めて薄い。勝家は年齢不詳ながら、秀吉よりも高齢であったと考えられるが、清須会議における知行配分では利を得られなかった。秀吉がもっとも有利な条件のもと、所領の分配が図られたと考えざるを得ない。初動の段階で、秀吉はほかの宿老より一歩先んじた。

清須会議では宿老体制のもと、織田家を支えることが確認されたが、実際に四人が連署して発給した文書は少ない。すでに述べたように当時の「天下」とは、将軍の支配が及ぶ畿内を指していた。そして、京都の支配で主導権を握っていたのは、秀吉だった。天下を掌握するには、京都が重要な意味を持ったのであり、そのことを秀吉は熟知していた。

勝家と信孝を排除後、秀吉は信雄を補佐する立場にあったが、京都支配などで実質的なイニシアティブを握っていた。朝廷が使者を送り、秀吉に挨拶をしたのは、京都における治安維持を期待してのことだろう。それは朝廷だけではなく諸大名、たとえば毛利氏や上杉氏に対しても同じで、秀吉は彼らを従わせることに成功した。つまり、信雄を補佐するというのは形式上の話であって、秀吉の威勢は信雄を凌駕していた。

秀吉は山城を中心にして天下を掌握することにより、織田家のみならず諸大名よりも優位に立った。信孝や勝家が秀吉に戦いを挑んだのは、天下を秀吉に独占させないためだろう。同様な危機感は、やがて信雄も抱くようになった。信雄は三法師の名代となり、実質的に織田家の家督の地位にあったが、秀吉の脅威をひしひしと感じていただろう。その不満が翌年の小牧・長久手の戦いにつながるのである。

第四章

徳川家康の屈服——小牧・長久手の戦い

織田信雄
(『続英雄百人一首』国文学研究資料館蔵)

信雄による家臣の粛清

天正十二年（一五八四）三月六日、信雄は家臣の津川義冬《つがわよしふゆ》、岡田重孝《おかだしげたか》（秀重《ひでしげ》とも）に切腹を命じた（「吉村文書」）。同日付の信雄の書状（吉村氏吉宛）によると、津川義冬、岡田重孝の二人が身勝手な振る舞いをするので成敗したという。ただ、史料により成敗した人物や人数が異なっており、誤報も混じっているようだ（「吉村文書」）。殺害された場所は、信雄の居城がある長島である（『天王寺屋会記』）。信雄による二人の家臣の粛清は、小牧・長久手の戦いの発端になった。

その三日前、信雄は家臣の小川長保《おがわながやす》に書状を送り、不穏な動きに対して無念の思いを抱いたので「かくの如く」申し付けたとしたうえで、以後も忠節を尽くすように求めている（「真田宝物館所蔵文書」）。この時点では「かくの如く」の意味がわかりづらいが、結局、それは津川義冬、岡田重孝の二人を殺害することだったのである。この件に関しては、家康とも相談したと書かれており、いずれにしても、信雄が家康と結んだのはたしかなことである。これは、来るべき秀吉との戦いに対抗するためだろう。

津川義冬、岡田重孝の二人は、なぜ殺されたのか。二人の来歴を取り上げておこう。

義冬は斯波《しば》義銀《よしかね》の子で、信雄の家臣となった。斯波氏は、かつて管領や尾張守護などを務めていた家柄である。『川角太閤記』によると、義冬は秀吉から書状を送られ、味方になるように誘われたという。もう一人の重孝は、もともと信長の馬廻で星崎城（名古屋市南区）主だった。本能寺の変後、信雄に仕えた。『当代記』によると、重孝は秀吉から気に入られたといわれている。ただ、いずれも二次史料の記述にすぎず確証はないが、秀吉に近しい人物だったのは共通している。

織田方の史料によれば、義冬と重孝の二人は秀吉と通じていたという（「香宗我部文書」）。それだけでなく、義冬と重孝は秀吉に人質を送っていたといわれている。また、『兼見卿記』同年三月九日条によると、義冬と重孝の二人は、諸事について秀吉が国の支配などを申し付けていたと書かれている。つまり、義冬と重孝は秀吉と信雄の二人に両属していたということになる。当時、二人の主君に仕えるのは、珍しいことではなかった。

秀吉は信雄を補佐していたが、常時身辺にいるわけにはいかない。そこで、信雄の家臣の義冬と重孝に対して、さまざまな指示をしていたと考えられる。それは、付家老的な存在だったといえよう。秀吉の息がかかった二人を成敗したのだから、信雄の覚悟は相当なものだったと考えられる。そうした事情があったので、秀吉は義冬と重孝の粛清に立腹し、どのような理由で成敗したのかと疑念を抱いた（『顕如《けんにょ》上人貝塚御座所日記』）。

本能寺の変後、著しく台頭した秀吉に対して、信雄が脅威や不満を徐々に抱いたのは疑いないだろう。しかし、秀吉と戦うには信雄の独断ではなく、家中の了承を取り付ける必要があった。おそらく義冬と重孝の二人は、秀吉と戦うことに反対したと考えられる。二人に秀吉の息がかかっていたならば、当然、戦うことに反対しただろう。結果、反対したことが秀吉に通じていると信雄に受け取られ、二人の粛清につながったのではないか。義冬と重孝の殺害は、秀吉に対する交戦のメッセージだったといえる。

補足しておくと、信雄の家臣には、ほかにも秀吉の息のかかった者たちがいた。滝川雄《たきがわかつ》利《とし》は、もともと木造具康《こづくりともやす》の子だったが、のちに信長に仕えて「滝川」を姓とした。その後、信雄に仕えた。雄利は秀吉から「羽柴」の名字を与えられ、擬制的な血縁関係を結んでおり、信雄と秀吉の二人に仕えていた。なお、木造氏は伊勢北畠氏の庶流で、木造城（三重県津市）を本拠としていた。

もう一人の浅井長時《あざいながとき》（田宮丸《たみやまる》）は、尾張苅安賀城《かりやすか》（愛知県一宮市）主だった。父の信広《のぶひろ》は信長の赤母衣衆《あかほろしゅう》（信長直属の精鋭部隊）を務めていたが、天正九年五月に亡くなった。信広の死後、長時は家督を継承し、やがて信雄に仕えた。長時も秀吉に人質を送っており、深い関係にあった。親秀吉派の武将といえるだろう。ただし、長時は永禄十二年（一五六九）生まれの十二歳であり、まだ元服前の田宮丸を名乗っていたと考えられる。

つまり、秀吉は小牧・長久手の戦い以前から、信雄の重臣から人質を徴集するなどして、織田家中に干渉していた。信雄は織田家の家督を継いだものの、実質的には秀吉の監視下あるいはコントロール下にあったのだ。

信雄、家康を味方につける

二人の家臣を殺害してから、信雄の動きは早かった。同年三月七日、信雄は土佐の香宗我部親泰に書状を送り、秀吉が天下をほしいままにしていること、秀吉と同心した家臣を殺害したことを告げ、近いうちに上洛するので協力してほしいと要請した（「香宗我部文書」）。信雄は、親泰の兄・長宗我部元親が秀吉との関係がいまだによくないことを知っていたので、出陣を依頼したのだ。

信雄の書状と同時に、家臣の織田信張《おだのぶはる》からも香宗我部親泰に書状が送られ、さらに詳しく情勢が書かれている（「香宗我部文書」）。内容は、信雄が家康と結んで尾張に出陣すること、美濃、越前、能登、越中は信雄の命に従っていること、元親に淡路まで出陣してほしいことが書かれている。加えて、信雄は毛利輝元との間に交渉ルートがないので、元親から協力を呼びかけてほしいともある。信雄は長宗我部氏を通して、さらに輝元への援軍を期待したようである。

信雄の家臣の殺害後、家康もすぐに動いた。三月七日、家康は吉田(愛知県豊橋市)を発つと、その日のうちに岡崎(同岡崎市)に戻った。八日には矢作《やはぎ》(同上)、九日には阿野(同豊明市)、十日は鳴海(名古屋市緑区)、十二日に山崎(同南区)に着陣すると、伊賀・大和から援軍がやって来た。そして、十三日に家康は津島まで到着したのである(以上、『家忠日記』)。

その後、家康は清須で信雄と面会をしたことが判明する(「吉村文書」)。信雄と家康は、日頃から密に連絡を取り合っていたのだろう。そうでなければ、伊賀・大和の援軍など、家康の迅速な対応が説明できない。

一方の秀吉の対応も早かった。同年三月十日、秀吉は大坂から上洛して宿所の妙顕寺(京都市上京区)に入り、数万の軍勢を参集させると、信雄と対峙すべく尾張に向かわせた。翌三月十一日、さらに秀吉は坂本に移動した(『兼見卿記』)。秀吉の対応が早かったのは、津川、岡田の二人が殺害された時点で、信雄との対決を決意したからだろう。

同日、秀吉は中国に在陣中の黒田孝高、蜂須賀正勝に書状を送り、信雄らの挙兵を受けて今後のことを指示している（「黒田家文書」）。中国方面には人を一人も置く必要がないので、宇喜多家の人々に任せたらよいこと、鉄砲衆を寄越すことなどを指示し、両名に東上を促した。当時、孝高と正勝は毛利氏との国分のこともあり、中国方面に在陣していたのだが、それを切り上げて出陣せよというのである。秀吉の戦いにかける意気込みがうかがえると同時に、総力戦で臨む覚悟だったことを示している。

両軍による凋落戦の展開

両軍が衝突するのに、さほど時間はかからなかった。

同年三月十四日、桑名（三重県桑名市）に出陣中だった家康方の松平家忠《まつだいらいえただ》ら三河衆は、秀吉方の池田元助（恒興の子）が犬山城（愛知県犬山市）を攻撃したとの知らせを受け、ただちに津島へと引き返した（『家忠日記』）。

津（三重県津市）の織田信包は、亀山城（同亀山市）の堀秀政、長谷川秀一、滝川一益らとともに、信雄方の軍勢と交戦して追い払うと、峯城まで退いた。信雄方の尾張衆は、三百余を討ち取られたと伝える。一益はしばらく動向が不明であったが、この戦いを機に、秀吉に属して出陣していた。

『顕如上人貝塚御座所日記』にも、戦いの様子が記録されている。この日、峯城で両軍の戦いがあったが、秀吉軍が優勢だったと書かれている。その後、池田元助、森長可が犬山城に攻め込んで放火するなど、大いに成果を挙げたと記す。緒戦は、秀吉が有利に戦いを進めた。

戦場が尾張方面に移ったかと思われたが、信雄は秀吉軍が桑名に攻め込むとの情報を得、その旨を吉村氏吉に伝えた。同時に、信雄は氏吉に対して兵糧を支給すること、軍勢が集まり次第、派遣することを伝えた（「吉村文書」）。情報が錯綜し、秀吉方の動向を摑《つか》むのも難しく、やや信雄が混乱していた様子がうかがえる。

信雄は氏吉を貴重な戦力とみなし、有利な条件を与えていた。美濃国内で攻め取った所領について、そのまま知行を認めるというのがそれである。家康も氏吉に書状を送り、信雄への忠節を求めた（以上、「吉村文書」）。吉村氏はもともと信忠に仕えていたが、その死後は美濃衆として信孝の配下になった。信孝の死後は、信雄に仕えたと考えられる。

さらに家康は、尾張熱田の加藤順政《かとうよりまさ》・景延《かげのぶ》が人質を供出したことを賞し、熱田大神宮司・千秋季信《せんしゅうすえのぶ》にも人質を差し出すように命じた（「西加藤家文書」）。加藤氏は商人として活動していたので、武器や食糧などの兵站確保には欠かせなかった。秀吉も信雄も、味方を増やすのに躍起だったのである。

秀吉も同様に調略戦を展開し、中小領主を自軍に引き込む努力を惜しまなかった。同年三月十八日、秀吉は尾張の毛利《もうり》広盛《ひろもり》に書状を送り、毛利秀頼《ひでより》から人質を供出させて味方に引き込んだことを謝した（「名古屋市博物館所蔵文書」）。広盛はもともと信雄の家臣だったが、これを機に秀吉方に寝返ったのである。

その間の三月十七日、秀吉のもとに悲報がもたらされた。池田元助、森長可の率いる軍勢が家康配下の三河衆と尾張国羽黒（愛知県犬山市）で戦い、敗北を喫したのである（『家忠日記』など）。秀吉方は、三百～四百人ほど討たれたという。まさしく出鼻を挫かれたような形になったが、この敗戦は深刻なダメージではなかった。一局地戦における敗北にすぎない。

三月二十日、秀吉は池田恒興に書状を送り、元助による犬山城攻略の手柄を称えた（「池田家文庫所蔵文書」）。書状には戦況の報告や、秀吉が美濃国池尻（岐阜県大垣市）に着陣したこと、そのほか戦いに対する細かな指示に加え、犬山城と尾張国の進呈を約束している。秀吉は宿老という地位を超え、池田氏に知行を与え得る存在になっていた。彼らが秀吉に従ったのは、秀吉が恩賞を給付し得る存在だったからにほかならない。

秀吉に与する諸将

一方の信雄も香宗我部親泰に書状を送り、羽黒で秀吉勢を破ったこと、元親に摂津国に出陣してほしい旨を依頼した(「香宗我部文書」)。信雄は自軍が有利な情報を伝え、重ねて協力を求めたのである。信雄が戦いを有利に進めるには、西国方面から秀吉に揺さぶりをかける必要があった。

一方で、信雄が味方にと期待していた毛利氏は秀吉方に与することを決意し、小早川秀包《こばやかわひでかね》が尾張に出陣した(「野坂文書」など)。秀包は毛利元就の九男で、小早川隆景の養子になっていた。結局、信雄の味方になってほしいとの要請は、毛利氏に受け入れられなかったのである。毛利氏は中国国分の交渉を通して、秀吉の実力を知っていた。ここで信雄に与しても、勝ち目がないと判断したのだろう。

三月二十四日、秀吉は生駒親正《いこまちかまさ》に書状を送り、和泉国における軍功を称えた。あわせて岐阜城に入城し、清須城を攻撃することを伝えた(「西川英敏氏所蔵文書」)。同日、清須にいた家康方の松平家忠は、戦いに備えて比良城《ひら》(名古屋市西区)の普請を行った。

ここで、家康方は苦境に立たされる。家康方に与していた信濃の木曽義昌が、秀吉方に寝返ったのである（「本光寺常盤歴史資料館所蔵文書」）。義昌が寝返ったことに影響され、伊那郡の知久頼氏《ちくよりうじ》も秀吉方に転じた。慌てた家康は家臣の菅沼定利《すがぬまさだとし》を知久領に侵攻させ、伊那の国衆を統括すべく、知久平城（長野県飯田市）を与えた。こうして家康は、義昌の動きを封じ込めようとしたのである（「保科文書」）。度重なる叛乱は家康と信雄にとって大きな逆風となった。

家康は遠相（遠江・相模）同盟により、北条氏に援軍を求めた。しかし、信濃国北部では徳川方の小笠原《おがさわら》氏が上杉氏と領有権をめぐって対立しており、また佐竹氏ら北関東の大名・国衆は北条氏と争っていた。上杉氏や北関東の大名・国衆は、秀吉に結託することにより、北条氏に対抗しようとした（「佐竹文書」など）。反北条氏の諸大名の存在により、北条氏の動きは封じられたのである。秀吉による遠交近攻策（遠い国と親しく交際を結んでおいて、近い国々を攻め取ること）は、ずばり当たったのだ。

三月二十六日、秀吉は常陸の佐竹義重に書状を送った（「佐竹文書」）。秀吉は自らの戦況が有利であることを告げ、二十七日には川を越えて清須に攻め込み、家康を討ち果たすと述べている。むろん、羽黒での敗戦は書いていない。そして、家康を許しがたいとしたうえで、木曽義昌、上杉景勝と昵懇であることを伝えた。秀吉は義重が敵対する家康方の北条氏を意識し、自らの優勢を報じることで、佐竹氏を安心させようとしたのだ。

三月二十六日の時点で、秀吉が陣を置いたのは美濃国鵜沼（岐阜県各務原《かかみがはら》市）である（「黒田家文書」）。三月二十八日、家康は小牧（愛知県小牧市）に陣替えし、軍勢を入れ置いた（『家忠日記』）。両軍の戦闘は、間近に迫っていた。

三月二十九日、秀吉方の丹羽長秀は北陸の情勢を秀吉に伝え、子の長重《ながしげ》を尾張に遣わすことを報じた（「尊経閣文庫古文書纂編年文書」）。同日、秀吉は尾張楽田《がくでん》（同犬山市）に在陣していた（「生駒家宝簡集」）。先手の森長可は岩崎山（同小牧市）、稲葉《いなば》良通《よしみち》は青塚（同犬山市）に陣を置いた。秀吉は、勝利への強い確信を抱いていたに違いない。

長久手の戦いの戦況

長久手の古戦場は、愛知県長久手市武蔵塚二〇四番地に所在する。現在は公園として整備され、国指定史跡でもある。三河国と尾張国の国境付近の場所であることから、家康にすれば、ここを突破され三河に侵攻されると情勢が厳しくなることは認識していた。決死の覚悟で、秀吉軍の侵攻を止めねばならなかった。逆に、秀吉はここを突破して、三河侵攻を目論んだことだろう。

長久手の戦いが開始したのは、四月六日のことである。戦いの概要は軍記物語にも書かれているが、以下、四月八日に秀吉が丹羽長秀に宛てた書状で、詳しい戦況を確認することにしよう(「山本正之助氏所蔵文書」)。

秀吉軍は、岩崎山、窪、青塚、田中郷、二重堀(以上、犬山市、小牧市)に陣を置き、家康の陣がある小牧と対峙した。

四月六日、池田恒興、森長可、三好信吉《みよしのぶよし》(のちの豊臣秀次《とよとみひでつぐ》。秀吉の甥)、堀秀政らが二万五千の軍勢を率いて小幡城(名古屋市守山区)の二の丸まで攻め込み、敵の首を百余討ち取った。そして、竜泉寺(同上)に砦をこしらえ、柏井(愛知県春日井市)、大草(同小牧市)に砦を普請した。秀吉軍は小幡城と森山(同あま市)ほかはことごとく放火し、三河に攻め込む手はずを整えた。さらに、九鬼氏に命じて、舟を三河に向かわせるよう指示した。秀吉は怒濤の勢いで、家康の本国に攻め込もうとしていた。

同じ頃、秀吉軍は伊勢、和泉でも戦っていた。信雄の家臣・滝川雄利は秀吉に敵対し、松ヶ島城に籠り、家康からの支援を受けていた。秀吉の書状によれば、雄利が助命を願ってきたが、家康を討ち取れば用はないので、雄利の命を助けて城を受け取ることを申し遣わしたという。松ヶ島城には近いうちに、二万余の軍勢が着陣するとある。秀吉は、北伊勢でも有利に戦いを進めていた。

同じく秀吉は紀伊の根来寺《ねごろじ》（和歌山県岩出市）、雑賀衆《さいかしゅう》（和歌山市）とも対立しており、和泉で交戦していた。信長の時代、根来寺は協力的な姿勢を見せていたが、このときは秀吉に敵対していた。秀吉は和泉に備前衆（宇喜多秀家の配下の者）を一万も送り込み、すでに岸和田（大阪府岸和田市）、大坂に達していた。そのうち五千〜六千人を最前に遣わし、すでに着陣したという。

秀吉は自軍の圧倒的な優勢を伝えており、それは毛利輝元に対する書状でも同じ内容だった。吉田兼見は使者を秀吉のもとに送り、対陣の様子の絵図を持ち帰らせた（『兼見卿記』）。兼見はその絵図を正親町《おおぎまち》天皇のもとに持参し、戦況の報告を行っている。朝廷にとっても、二人の戦いは見逃すことができなかった。

秀吉軍、敗れる

秀吉は有利に戦いを進めたが、四月九日に、戦況が大きく変化する。

この日、家康軍と秀吉軍は岩崎口（愛知県日進市）で交戦した。同日付の家康書状（平《ひら》岩親吉《いわちかよし》・鳥居元忠宛）によると、開戦したのは午《うま》の刻（昼十二時の前後二時間）だった（「徳川美術館所蔵文書」）。書状を送ったのは申の刻（午後四時の前後二時間）だから、二時間ほどの戦いだったと考えられる。この戦いで、家康軍は池田恒興・元助父子、森長可らを討ち取り、秀吉軍は一万余の軍勢を失ったという。

討ち取られた武将の名や秀吉軍の数については、一次史料によって異同がある。右の史料では、堀秀政、長谷川秀一も討ち取ったように書いているが、これは間違いである。また翌日に送った書状では、三好信吉（豊臣秀次）も討ち取ったと書かれているが、やはり誤りである（『譜牒余録《ふちょうよろく》』）。このように混乱しているのは、意図的なのか、正確な情報が得られなかったのか不明である。

討った秀吉軍の数についても、四月十日付の信雄書状では七千〜八千と少なめである（「水野家文書」）。逆に『家忠日記』は、一万五千余と多くなっている。きちんと人数を数えたわけではないので、数字に相違があるのは止むを得まい。なお、負けた秀吉は、楽田に退いたと書かれている（「吉村文書」）。いずれにしても、討ち取られた秀吉軍の軍勢は多すぎるので、誇張したのではないかと思われる。

秀吉の敗戦は、その後の戦況にどう影響したのか。

四月十一日付の秀吉書状（宛名なし）は、勝利を得られなかったが大したことはないので安心してほしいと記している（「加舎《かや》家文書」）。亀井氏に対しては、家康が小牧に陣取っているとしたうえで、有利な情勢なので必ず討ち果たすとし、安心してほしいと結んでいる（「石見《いわみ》亀井家文書」）。秀吉が敗戦の詳しい状況を知らせないのは、負けを認めた証拠だろう。主力を失ったうえに、予想外の敗戦だったに違いない。とはいえ、決定打でなかったのも事実である。秀吉が討たれたわけではなく、本国まで逃げたわけでもなかった。

一方の家康は、丹波の芦田《あしだ》氏に勝利の報告をしたうえで、一揆を起こすように要請している（『譜牒余録』）。秀吉の後方を攪乱することにより、上洛を円滑に進めようとしたのだろう。今度は逆に、家康が遠交近攻策を採用したのだ。書状の後半では、秀吉を追い込んだ旨が書かれている。家康にとっては、一気に秀吉を倒すチャンスだった。

家康の目的が上洛にあったのは、疑いないところである（「吉村文書」）。局地戦で勝つことには意味がなく、最終目標は上洛し、信雄とともに天下を差配することだった。ただし、家康自身が天下人になろうという野心があったのか、あるいは信雄の補佐という役割に徹しようとしたのかについては、検討を要するだろう。とにかく協力して、秀吉に対抗するのが最優先だった。

秀吉の敗戦は、すぐさま各地に伝わった。『兼見卿記』には、秀吉方が「敗軍」したと記す。『多聞院日記』も同様で、秀吉は敗戦でも事なきを得たが、家康に戦いの分があると書いている。『顕如上人貝塚御座所日記』は、家康大利（大勝利）との情報を得ており、いずれの情報も家康の勝利だった。

なお、『顕如上人貝塚御座所日記』は、秀吉軍の討ち死にした軍勢の数が一万と書いていたが、あとで三千と追記している。日記の場合は、新しい情報を得たあと、このように修正を注記することが珍しくない。先ほど討ち死にした数が多すぎるのではないかと指摘したが、三千というのが実数に近いのではないだろうか。

ここまでの史料を確認すると、家康が勝ったということは動かせないだろう。ただし、討った秀吉軍の武将の名や人数については検討の余地がある。家康が意気揚々と戦況を報告し、味方を勇気づけるのに対し、秀吉は「安心するように」との言葉だけである。秀吉は有力な諸将を失ったものの、自らの命が危機にさらされるような敗北ではなかったといえる。徳川方の戦勝報告は、誇張が過ぎる。

この間の四月十日、家康は本願寺に書状を送り、信雄が上洛して天下人になった場合、大坂の地を返還することを約束した（「大谷派本願寺文書」）。加えて、加賀国の支配も認めるという。結局、本願寺は家康のために動かなかったが、その直後に美濃、北伊勢で一揆が蜂起した（『顕如上人貝塚御座所日記』）。顕如は一揆の蜂起について、秀吉に対し指示した覚えがないと釈明している。美濃、北伊勢の一揆は、家康、信雄の要請により蜂起したのか、独自に蜂起したのか不明である。

対処に追われる秀吉

決定的な敗北でなかったとはいえ、家康に負けたのは秀吉にとって深刻なことだった。以後の秀吉は、敗戦の対処に追われた。

四月十一日、秀吉は岐阜城の留守を養子の秀勝に任せ、伊藤牛介《いとうしのすけ》らにその補佐を依頼した（「尊経閣文庫古文書纂編年文書」）。政治に念を入れ、町人に迷惑をかけないよう命じている。さらに、岐阜城近くの大浦城（岐阜県羽島市）に交代で三百の軍勢を入れ置き、城の普請も指示した。家康への対策である。

大浦城の在番を任されたのは、伊藤牛介と一柳直末である（「山田覚蔵氏所蔵文書」など）。その加勢には、池田氏の家臣が駆り出された（「伊木家文書」など）。さらに、秀吉は牛介と直末に竹ヶ鼻城（岐阜県羽島市）に軍勢を入れ置くこと、秀吉の軍勢の一部を茜部《あかなべ》（岐阜市）に遣わすこと、秀勝の軍勢約二千を遣わすことなど、細かい指示を与えた（「一柳文書」）。対策が早いのは、秀吉の得意技である。

それだけではなかった。四月十一日、秀吉は池田氏の家臣・河井《かわい》氏に書状を送り、岐阜城に人質を供出するよう求めている（「河井文書」）。池田氏は恒興・元助父子が戦死し、恒興の次男・照政《てるまさ》（輝政）だけが生き残った。その照政も怪我をしており、秀吉は見舞いの手紙を出しているほどだった（「林原美術館所蔵文書」）。当時、照政は二十歳の青年だったが、突如として家督を継ぐことになった。人質の供出を求めたのは、河井氏に引き続いて池田家に忠節を誓わせるためのものだろう。

秀吉は四月十一日に池田恒興の母・養徳院に書状を送り、戦死した恒興・元助父子に弔意をあらわした（「林原美術館所蔵文書」）。書状中では、照政を宿老衆に加えるので覚悟をし、嘆き悲しむのは止めてほしいと伝えた。また同日、秀吉は池田氏の家臣・土蔵《つちくら》氏に書状を送り、恒興の後継者に照政が就いたこと、以前と変わらず忠誠を尽くすように求めている（「大阪城天守閣所蔵文書」）。池田氏の瓦解は、そのまま秀吉に悪い影響を及ぼすと考えたのだろう。

秀吉は、連携する大名への釈明にも追われた。木曽氏に対しては、長久手の戦いでは勝てず、いろいろな噂が流れているかもしれないが、大勢には影響がないと釈明している（「亀子文書」）。むしろ、松ヶ島城を落とし、弟の秀長、筒井順慶らの軍勢が尾張方面に転戦するとの情報を与え、安心させようとした。それは、宇喜多氏の家臣に対しても同じだった（「武州文書」）。

一方の家康は、秀吉を打ち破り、上洛する意思を諸大名に報告していた（「皆川家文書」）。ただ、信雄の書状には戦勝を伝えるものはあるが、上洛の意思を示したものはない。もともとは信雄と秀吉の戦いだったが、実質的には家康と秀吉との戦いに転化していったように見えなくもない。相変わらず信雄の影は薄い。

秀吉の逆襲

戦いが再開されたのは、五月以降のことである。

秀吉軍は五月一日に小牧に入り、三日に竹ヶ鼻（岐阜県羽島市）、祖父江（同瑞穂市）に放火をし、加賀野井城（同羽島市）を攻撃した。秀吉は敵の首五十～六十を討ち取り、落城もほど近いと配下の木下重堅《きのしたしげかた》に伝えた（「池田文書」）。五月六日になって、加賀野井城は落城した（『家忠日記』）。この戦勝により、秀吉は息を吹き返した。

今度は逆に家康方が敗戦の対応に迫られた。五月七日、信雄は竹ヶ鼻城主の不破広綱《ふわひろつな》に書状を送り、加賀野井城の後詰《ごづめ》が遅れたため落城したことを伝えている。後詰とは、籠城している敵軍の周囲を囲み、救援することである。そして、竹ヶ鼻城が敵に攻囲されたときは、救援に馳せ参じることを伝えた（「不破文書」）。それは吉村氏に対しても同じで、寺西《てらにし》氏を加勢として遣わし、鉄砲の玉薬（火薬）を送ることを約束した。その後、信雄は吉村氏に対して、松ノ木城が敵に攻囲されるまで援軍を送らないと通達した（以上、「吉村文書」）。形勢が変化したからだろうが、吉村氏は不信感を抱いただろう。

不破広綱は、美濃の土岐《とき》氏、斎藤氏に仕えた竹ヶ鼻城主・不破綱村《つなむら》の子である。土岐氏、斎藤氏の滅亡後、綱村は信長の配下に加わり、信長の没後は信雄に仕えた。小牧・長久手の戦いが近づくと、広綱は信雄・家康方につくか、秀吉方に与するかを家中で議論し、最終的に信雄・家康方へ味方することになった。

五月七日、信雄配下の織田信張は土佐の香宗我部親泰に書状を送り、有利な戦況を伝えるとともに、摂津、播磨に出兵してほしいと依頼する（「香宗我部文書」）。一週間後の五月十四日、家康も家臣を通して香宗我部親泰に書状を送り、長宗我部氏の出兵を重ねて要請した（「土佐国蠹簡集」）。信雄と家康は土佐の長宗我部氏に出兵を要請し、畿内から秀吉方を攪乱しようとしたのであるが、やはり長宗我部氏は動かなかった。

五月二十四日になると、事態はさらに緊迫する。不破広綱の竹ヶ鼻城が秀吉軍に攻囲されていたが、信雄・家康方の援軍がなかなか来なかった。家康は広綱に書状を送り、後詰に向かうことを約束し、近日中に関東（北条氏）の軍勢が来援すると報告した。家康には、もはや励ますより手がなかったのだろう。

翌五月二十五日、家康は再び広綱に書状を送り、後詰を約束するとともに、関東（北条氏）からの援軍が来るまで持ちこたえるよう伝えた（以上、『譜牒余録』）。五月二十六日には、信雄も家臣を通して広綱に書状を送り、後詰を約束した（「不破文書」）。竹ヶ鼻城は救援が来ないので、もはや落城寸前だった。

竹ヶ鼻城攻防の行方

五月二十九日、秀吉は伊勢の田丸直息《たまるなおやす》（直昌《なおまさ》）に書状を送り、竹ヶ鼻城攻防の戦局を伝えた（「田丸威氏所蔵文書」）。この書状によると、竹ヶ鼻城が水攻めに遭っていたことが判明する。竹ヶ鼻城の東西には、長良川と木曽川という二つの大河が流れていた。その川の水を城の周囲に引き込み、水攻めにしたのである。水攻めを行ったうえで、秀吉は落城が近いことを確信し、その後は伊勢に陣替えすると伝えた。水攻めの様子は、小早川秀包の書状に書かれている（「厳島神社文書」）。

竹ヶ鼻城の周囲三里（約十二キロメートル）には堤が築かれ、さらに付城を十四～十五も築城した。そして、木曽川の水を流し込むと、わずか一両日で城の周囲は水浸しになり、それを敵・味方の軍勢十余万が見ていた。秀吉がもっとも得意とする水攻めは、功を奏した。なお、書状には的場という城と書かれているが、前後の状況からして、竹ヶ鼻城のことだろう。補足すると、秀吉の書状には堤の高さは六間（約十・八メートル）もあったと書かれているが、短期間でそれほどの高さの堤が築けるのかは疑問である（「諸将感状下知状幷《ならびに》諸士状写」）。

焦る信雄は吉村氏吉に書状を送り、竹ヶ鼻城についての情報が虚説であること、また加勢を遣わすことができないことを伝えた（「吉村文書」）。竹ヶ鼻城は水攻めで落城寸前だったが、信雄はそれを否定することによって、吉村氏を安心させようとしたのだ。どちらにしても、加勢が来ないのだから、吉村氏にとって良い知らせではなかった。

しかし、竹ヶ鼻城が苦境に陥っていたのは事実である。六月三日、信雄は広綱に書状を送り、水攻めに抗するのは困難だろうから、城を討ち捨てて長島城に来るよう伝えている

（「不破文書」）。これは信雄が敗北を認めたメッセージであり、もはや籠城の継続は困難になっていた。

六月七日、秀吉は前田利家に書状を送った（「北国鎮定書札類」）。この書状によると、秀吉は広綱の父・綱村と面会し、このまま広綱を水攻めで殺すのは不憫《ふびん》なので、命を助けることにしたという。開城予定は六月十日だった。翌六月八日、秀吉は美濃国墨俣《すのまた》（岐阜県大垣市）まで戻り、茶人の山上宗二《やまのうえそうじ》、津田宗及《つだそうぎゅう》らと茶会を催す余裕を見せている（『天王寺屋会記』）。

こうして六月十日、竹ヶ鼻城は開城し、秀吉に引き渡された。竹ヶ鼻城の在番衆には、一柳直末と牧村政吉《まきむらまさきち》が命じられた。広綱は当初の予定どおり、信雄がいる長島城へ移ったのである。これにより秀吉は優位に立ったが、決して思いどおりになったわけではない。

蟹江城落城と滝川一益の没落

六月十三日、家康は清須に移った（「吉村文書」）。その後も家康と信雄は吉村氏らを通して情報収集に努め、一方の秀吉も楽田城に加勢を命じ、応じた者には六月二十日から十日分の兵糧を支給した（「山崎家文書」）。本来、将兵の兵糧は自弁であるが、長期戦の場合は支給されたのである。

六月十六日、秀吉方に与していた滝川一益は、尾張の蟹江（愛知県蟹江町）、下島（下市場。同上）、前田（名古屋市中川区）の諸城を調略により攻略した（『家忠日記』）。信雄の配下の前田城主・前田《まえだ》種利《たねとし》は、一益の猛攻に耐えかねて軍門に降り、そのまま一益に従った。一益は再び表舞台に出るべく、必死だったに違いない。

だがその後、一転して一益は苦境に陥った。六月十八日、家康は蟹江城の外構に放火し、落城が近いと吉村氏に報告した（「吉村文書」）。翌日の状況を記した『家忠日記』によると、十八日には一益方の下市場城が攻め落とされたとある。また、信雄は大舟に乗って、秀吉方の九鬼氏の舟を取り、敵兵も討ち取ったという。これにより、信雄は伊勢湾の制海権を掌握した。

六月二十日、家康は十九日までに討ち取った敵兵の首、百二十余を小牧城に送り届けた。そして、松平家忠は楽田城に向かい、青塚に火を放った（『家忠日記』）。家康方は、反撃に転じて戦いを有利に進めたのだ。

翌六月二十一日以降、家康は諸将に書状を送り、蟹江城の落城が近いことを報告した（「市田家文書」）。六月二十三日には、種利が籠る前田城を受け取ったので、戦いが家康に優勢なのは明らかだった（『家忠日記』）。再び、秀吉は苦境に陥った。

七月三日、一益は前田種利に腹を切らせ、蟹江城を家康方に渡すと、そのまま舟で逃亡した（『家忠日記』）。種利は「別心人（裏切者）」と書かれているとおり（『家忠日記』）、もとは信雄に仕えていたが、一益の配下になった経緯があった。一益は信雄を裏切った種利を切腹させ、城を明け渡すことで命を長らえたのだ。

一益の敗北は、秀吉の怒りを大いに買った。それは戦いに負けたことに加え、逃げたことも影響しているだろう。その後、子の一忠《かずただ》は改易、弟の一時《かずとき》は辛うじて許された（『兼見卿記』）。一益は一万五千石を知行していたが、うち三千石は何とか安堵され、残りの一万二千石が一時に与えられたのである（『寛永諸家系図伝』所収文書）。

一連の失態により、一益の没落は決定的となる。結局、一益は二年後の天正十四年に亡くなったが、一忠は没年すら不明である。一時は以後も秀吉に仕え、慶長八年（一六〇三）まで生き永らえた。

その間の六月二十七日、越後の上杉景勝は秀吉に人質を差し出し、ようやく同盟関係を結んだ（「本間美術館所蔵文書」）。これは、景勝が対立する北条氏、そして北関東を含む政治情勢による影響だったといえる。景勝は秀吉と結び、北条氏を牽制しようとした。逆に、秀吉は景勝が北条氏ににらみを利かせることにより、家康の援軍に行かせないようにした。この同盟の締結により、秀吉方は再び息を吹き返した感がある。戦いは、相変わらず一進一退だった。

尾張出陣への準備

一益の敗北により、退勢に追い込まれた秀吉であったが、その後の計画も思いどおりに進まなかった。七月六日、秀吉は丹羽長秀に書状を送り、七月十五日に尾張に出陣する予定だったが、八月に延期することを伝えた（「八代市立博物館未来の森ミュージアム所蔵文書」）。それは、越前衆、能登衆、越中衆が八月に出陣することに合わせたもので、単独での攻撃をあえて控える作戦だった。加えて、秀吉も病気により、養生せざるを得ないという不幸が重なった。

そこで秀吉は、丹羽長重に自分が行くまでの間に池尻にいて、境目の城に人を遣わすよう指示し、追々報告することを伝えた。これは、追って作戦を指示するという意だろうが、病身のため積極策を打てず、国境付近の監視をするなど、当座の指示に止まらざるを得なかった。

秀吉は東《あずま》氏、梶原《かじわら》氏といった関東の諸将に対して、八月には北国・西国の軍勢を率いて、三河・遠江に攻め込む予定を知らせた（「奈良文書」）。そして七月九日、秀吉は東上すべく、大坂から近江国坂本へと向かったのである（『顕如上人貝塚御座所日記』）。

一方の家康は、七月十三日に伊勢国から清須城へと戻った。七月十七日には、松平家忠が清須に出仕したが、軍勢の半分は領国の三河国に返した（『家忠日記』）。家康は、当面の間戦いがないと判断したのだろう。

その後、両者は戦況を静観する状態が続いたが、七月二十六日には韮山《にらやま》（静岡県伊豆の国市）の北条氏規《ほうじょううじのり》から徳川氏に対して、秀吉が再び尾張に出陣してくるのか問い合わせがあった（「本光寺常盤歴史資料館所蔵文書」）。北条氏にすれば、上杉氏、北関東の諸大名との関係もあり、秀吉の動向に注視せざるを得なかった。

秀吉は尾張出陣に向け、着々と準備を進めていた。

八月十二日、秀吉は近江長浜の商人に命じて、鋤《すき》と鍬《くわ》を犬山城に輸送するように命じた（「下郷共済会所蔵文書」）。担当奉行は石田《いしだ》正澄《まさずみ》（三成の兄）である。鋤や鍬は、砦や陣地の構築に使われた。

八月十四日になると、信雄は吉村氏吉に秀吉が出陣することを伝え、城の普請や昼夜の番を怠らないよう伝えた。四日後の八月十八日、信雄は氏吉に対して、秀吉が大垣に至ったことを報じている（以上、「吉村文書」）。ここに来て、両軍に緊張が走った。

信雄の情報は正確で、秀吉は八月十七日に大垣に到着していた。以下、八月十八日付の秀吉書状（上杉景勝宛）で、概要を確認しよう（「土田藤一氏所蔵文書」）。

まず秀吉は、景勝が佐竹氏・北条氏と対峙していることに触れた。七月十三日に越後と上野の境目で戦いとなり、二十二日に北条氏が敗退したことを取り上げ、景勝の武辺を称えた。次に、家康が小牧にいるので、八月十九日に木曽川を越えて攻め込み、小牧城の周囲に付城を築き、家康が逃げられないように攻囲すると伝えている。

景勝は八月二日に信濃国に出陣していたので、秀吉は家康領国の遠江、三河、駿河の兵を一人も動かせないようにした。つまり、景勝とともに家康や北条氏を挟撃するような形をとり、牽制していたのである。これにより、家康は秀吉との戦いに専念できなくなり、上杉氏の動きにも注意を払わねばならなくなった。八月十九日、秀吉の先勢は尾張国小口《おぐち》（愛知県大口町）、羽黒に至った（『家忠日記』）。秀吉は一進一退の攻防のなかで、景勝の助力を得ることにより、局面の打開を図ろうとしたのだ。

持ち上がる和睦

両軍の激突が間近に迫るなか、一方では和睦が模索されていた。八月二十日、聖護院道《どう》澄《ちょう》は伊達《だて》輝宗《てるむね》の家臣・遠藤基信《えんどうもとのぶ》に書状を送った（「財団法人斎藤報恩会所蔵文書」）。聖護院道澄は近衛《このえ》稙家《たねいえ》の子で、その名のとおり聖護院（京都市左京区）門跡だった。その書状のなかで、尾張では戦闘状態が続いているが、和睦を希《ねが》うと書かれている。この時点で、どこまで和睦が進捗《しんちょく》していたのかは不明であり、なぜ急に和睦が持ち上がったのかもわからない。

和睦の話はあったものの、秀吉の進軍は続いた。八月二十六日に木曽川を越えて尾張に入り、二十八日には清須に軍勢を送り込み、放火させた（『顕如上人貝塚御座所日記』）。これにより、家康は清須から岩倉（愛知県岩倉市）へと移った。このときの秀吉方の戦果は大きく、奈良（同大口町）、赤見（同一宮市）にも放火した。さらに、一宮（同上）から敵が出てきたが、首を百余も討ち取ったという（「山田覚蔵氏所蔵文書」）。このような激しい戦闘状況では、とても和睦は考えにくい。

状況が変化するのは、九月になってからである。九月六日、秀吉は侍女の「いわ」に書状を送った（「東京大学史料編纂所所蔵文書」）。秀吉は信雄、家康、石川数正、犬山、長島の城主から人質を徴集することにより、和睦を結ぼうとしていることを伝えた。家康にとっては、悪い条件だ。また秀吉は配下の安井定次《やすいさだつぐ》にも書状を送り、戦勝が間近だと伝えているので、自身が優勢のまま戦いを終えようとしたのだろう。負けそうな側から和睦を申し出ることもあるが、勝ちそうな側が自らに有利な条件を示し、和睦を持ち掛けることも珍しくない。勝ちそうであっても、徹底的に戦うことによる自軍の消耗を避ける意味もある。

一方、北条氏直は家康を支援すべく、家臣の太田《おおた》氏に尾張出陣を準備するよう命じており、予断を許さなかった（「安井文書」）。秀吉が和睦を打診したところ、家康は応じたようだ。右のような悪条件にもかかわらず、家康は応じたのだから、劣勢であることを認識していたのだろう。

和睦交渉の決裂

結論から述べると、この和睦交渉は決裂した。『家忠日記』によると、決裂したのは九月七日。『多聞院日記』には、九月八日とある。その記録によると、「ただ一カ条のために和睦が破れた」と書かれているが、具体的にその一カ条の何が問題になったか不明である。『顕如上人貝塚御座所日記』によると、秀吉は家康と和睦の合意に達し、互いに誓紙を交わしたと書かれている。家康方からは重臣の石川数正、酒井忠次らが交渉に当たったが、最終的に和睦は決裂したのである。

和睦が決裂した結果、家康は直後に重吉《しげよし》（愛知県一宮市）に軍勢を移動させた（「棚橋次郎一氏所蔵文書」）。一方の秀吉も軍法を制定し、臨戦態勢を整えた（「中川家文書」）。再び両者は、戦う姿勢を見せたのである。

なぜ、和睦は決裂したのか。九月八日に秀吉が前田利家に送った書状に、その詳細が書かれている（「尊経閣文庫所蔵文書」）。

秀吉は手堅く戦いを進めていたので、家康方から和睦の申し入れがあった。条件は、信雄の御料人（娘）、家康の子・於義伊《おぎい》（のちの結城《ゆうき》秀康《ひでやす》）、さらに久松定勝《ひさまつさだかつ》（家康の異父弟）、石川数正の実子、織田長益《おだながます》（信長の弟）および滝川雄利の実子を人質として差し出すことだった。尾張において、家康方から和睦を懇望されたが、最終的に秀吉は許さなかったという。残念ながら、何が気に入らなかったのかは書かれていない。

続く両者の緊張関係

和睦交渉が決裂したものの、秀吉は諸将などに戦勝が間近であると伝えた（「多賀神社文書」）。そうした情報が誤って伝わったのか、千利休《せんのりきゅう》は九月六日に和睦が成立したと、福寿院宛の書状に記している（「西教寺文書」）。「秀吉御存分」と書かれているので、秀吉の思うままになったように書かれている。秀吉は自身が有利であることを内外に示すため、戦勝しそうなことや和睦が成ったとの情報を流したのだろう。

秀吉と対抗していた根来寺の杉之坊照算《すぎのぼうしょうざん》は、土佐の香宗我部親泰に書状を送った（「土佐国古文叢」）。その内容は、信雄と家康が有利に運んでいるから安心するように伝え、引き続きの支援を要請したものである。こちらは、根来寺が秀吉に抵抗していたので、信雄と家康が有利であると、秀吉とはまったく逆のことを書いている。いずれにしても、和睦が決裂した真相はよくわからない。

九月十六日、秀吉は前田利家に書状を送り、今後の予定を知らせた（「尊経閣古文書纂当家文書」）。秀吉は、下奈良（愛知県大口町）、宮後《みやしろ》（同江南市）、河田（同一宮市）に砦を普請し、二～三日中に兵糧・玉薬と軍勢四千～五千人ほどを入れ置き、同月二十五、二十六日までには岐阜に兵を引き上げると伝えた。その翌日、秀吉は兵を引き上げ、河田城に至ったことがわかる（「吉村文書」など）。

九月二十七日に家康が清須に入ると、二日後の二十九日に秀吉は大坂に戻った（『家忠日記』『多聞院日記』）。その後も両者の緊張関係は続き、城の普請や修築に余念がなく、諸大名との連絡も緊密に取った。和睦は決裂したものの、互いに負けを認めず、突破口となる機をうかがっていたのである。

両者にらみ合いの状況が続くなか、最初に動いたのは秀吉である。

十月二十四日、秀吉は近江国土山（滋賀県甲賀市）に着陣し、二十五日に伊勢国神戸に出陣することを池田照政の家臣・片桐《かたぎり》氏に知らせた（「黄薇古簡集《きびこかんしゅう》」）。そして、軍勢を城々に召し寄せ、番をすることを命じた。その後、秀吉は尾張に攻め込む予定だった。十月二十九日、家康は秀吉が出陣するとの情報を受け、信雄の家臣・飯田《いいだ》氏に自身が尾張へ出陣すると伝えた（『譜牒余録』）。

再び両者の戦いが開始されたが、秀吉は和睦を模索していた。十月二十四日、秀吉は桑名に攻め込むと、ことごとく周囲を焼き払い、刈田（生育中の稲などを刈ること）を申し付けた。そして、砦を四～五カ所普請して帰陣するという。そのうえで、秀吉は本願寺の坊官・下間氏に対して、信雄、家康との執り成しを依頼した（「下間文書」）。執り成しとは、和睦のことを意味しよう。秀吉は家康と直接交渉するのは難しいと判断し、下間氏を介して和睦を再交渉しようとしたのだ。

しかし、家康は北伊勢への出陣を計画、十一月九日には清須に出馬していた（『家忠日記』）。翌十一月十日には、秀吉方の長久保城（岐阜県海津市）を落とした（「吉村文書」）。同じ頃、桑名を攻略した秀吉は、信雄から和睦の申し出があったので、応じることを検討していた（「岡本栄之氏所蔵文書」）。信雄も長引く戦いに音を上げたのだろう。両者は交戦を続けながらも、常に和睦を模索していたようだ。両者が和睦を望んだのは、いつまでも決定打のない戦いの無益を悟り、一刻も早く終結させたかったからだろう。

ついに和睦を締結する

十一月十三日、ついに秀吉は信雄から懇望されて和睦を結んだ。その概要は、同日付の秀吉書状（伊木《いぎ》忠次《ただつぐ》宛）に書かれている（「伊木家文書」）。全体は、六カ条に分かれており、概要は以下のとおりである。

一条目は、秀吉は伊勢の長島、桑名の両城に攻め込み、付城を数カ所に築いたうえで、縄生城《なお》（三重県朝日町）で越年しようとしたが、信雄は長島が今にも落城しそうなので、和睦を懇望してきた。秀吉は、その申し出に応じたという。

二条目は人質として、信雄の実子、織田長益の実子、そして滝川雄利、中川定成《なかがわさだなり》、佐久間正勝《さくままさかつ》、土方雄良《ひじかたかつよし》（雄久《かつひさ》）、雑賀松庵《さいかしょうあん》以下については、いずれも実子または母親を秀吉に供出することになった。加えて、誓紙を秀吉に差し出した。なお、『顕如上人貝塚御座所日記』の記述によると、信雄が人質として供出したのは男子たる実子ではなく、妹の岡崎殿《おかざき》だったという。秀吉のほうは、人質などを出していないので、信雄は完敗を認めた形だ。

三条目は、北伊勢四郡を信雄に渡し、今回こしらえた城については、敵味方ともに破却することにしたとある。裏を返せば、信雄がもともと領有していた南伊勢と伊賀国は秀吉に収公されたことになろう。和睦とはいえ、以上の条件は信雄にとってかなり厳しいものになっていた。

四条目は、尾張国では犬山、河田の城に軍勢を置き、そのほか新しく造った城については、敵味方を問わず破却すること。城の破却は三条目と同じで、これは戦争をしない証でもあった。

五条目は、家康もまた、和睦を懇望してきたとある。しかし、この度は信雄を自陣に引き入れ、秀吉に対して重々不届きがあった。そこで、三河国に攻め込んで遺恨を晴らそうとしたところ、家康と石川数正から人質が供出され、何事も秀吉次第であると申し入れてきた。秀吉は家康に対して深い恨みがあるので、いまだどうすべきか考えあぐねていた。しかし、慈悲をもって秀吉は許したという。

最後の六条目は、和睦が成れば、近日中に帰陣すると結ばれている。

和睦の経緯や条件を見る限り、音を上げたのは信雄だったといえる。その後、家康も続いた。もともと和睦の話はあったのだから、九月の和睦交渉のときに問題になっていた一ヶ条の条件を受け入れたのだろう。

『顕如上人貝塚御座所日記』には、もう少し詳しく事情が記されている。秀吉は北伊勢へ出陣し、桑名城に付城を多数築いた。すると、信雄の懇望によって和睦を結ぶことになったという。信雄は秀吉に攻囲され、観念したのである。人質の件については、先の秀吉書状のとおりである。

その後、秀吉は信雄と面会し、紙子（紙で作った服）を二つ、金を二十枚、北伊勢一揆が捨て置いた兵糧二万五千俵を与えた。加えて、脇指「国行」と腰物（刀など腰に帯びるもの）を与えた。脇指「国行」とは、天正十年十月、大徳寺で行われた信長の葬儀において、秀吉が「不動国行」を掲げて参列しており、それを指すと考えられる。

ところが、秀吉は家康に対する遺恨があった。秀吉は家康との和睦について否定的だったが、信雄が懇望してきたので許したという。結果、家康は十一月十五日に帰国し、秀吉も十一月十七日に近江国坂本に帰陣した。これをもって、両者の戦いはようやく幕を引いたのであるが、秀吉が圧倒的に有利な条件で戦いは終結したのだ。

つまり、最初に和睦を申し入れたのは信雄であり、その後、家康からも同じ申し入れがあったが、秀吉は思案した。最終的に信雄が家康の助命を懇願してきたので、許すことにしたということになろう。ただ、秀吉が思案したというのは、ある種のポーズであり、本音は戦いを長引かせたくなかったのが真意ではないだろうか。また、従来説では信雄が家康に無断で和睦を進めたようにいわれているが、それは違う。秀吉は両者に和睦を申し入れたが、いったん決裂。その後、攻囲された信雄が和睦に応じ、家康も続いたというのが真相だろう。

なぜ和睦を結んだのか

ここまで見たとおり、両者は尾張と伊勢を舞台に戦ってきた。一見すると、家康・信雄連合軍の戦勝が目立ち、秀吉は劣勢のようにも見える。とはいえ、それは局地戦の勝利であって、秀吉にとって壊滅的な敗北ではなかった。両者の局地戦における勝敗だけでは、和睦の要因を導き出すのは難しい。

問題となるのが駆け引きである。両軍に共通しているのは、遠交近攻策である。つまり、互いの敵の背後の大名を味方とし、牽制する作戦である。

毛利氏には、信雄・家康連合軍と秀吉の双方から味方になるよう要請があった。しかし、すでに天正十年（一五八二）六月の段階で秀吉に屈していた毛利氏は、信雄・家康連合軍の要請に応じることはなかった。また、信雄・家康連合軍は土佐の長宗我部氏に対して、盛んに畿内への侵攻を懇願したが、これも実現しなかった。長宗我部氏が動けなかったのは、毛利氏が秀吉に与したことに加え、畿内には秀吉方の大名が多かったことが影響している。秀吉を恐れていたこともあるだろう。

家康らが協力を呼びかけたのは、大名だけではなかった。畿内および近国の寺社勢力をはじめ、一揆や中小領主など、多彩な勢力に蜂起を要請した。ところが、彼らはついに立ち上がることなく、秀吉を動揺させることはなかった。つまり、家康らによる秀吉の背後を脅かす作戦は、失敗したのである。

一方の秀吉は、越後の上杉氏や北関東の佐竹氏ら諸大名との友好関係を築くことに成功した。彼らは、家康や家康と同盟関係にある北条氏との関係がよくなかった。それゆえ彼らが秀吉に与することで、信雄・家康連合軍を牽制し得た。この差が明暗を分けたといえる。

結局、北条氏は信雄・家康連合軍の援軍に馳せ参じなかった。秀吉は局地戦での勝敗よりも、信雄・家康包囲網を形成したことで優位に立った。

信雄は、いったん退いては何度も攻撃してくる秀吉に対して、もはや勝ち目はないと考えたのかもしれない。しかも、秀吉による信雄・家康連合軍の包囲網は、じわじわとボディ・ブローのように利いてきた。

九月の段階では一カ条だけが合意に至らず和睦はならなかったが、人質の供出だけでは済まなかった。その一カ条とは、信雄が南伊勢と伊賀国を秀吉に割譲することではなかったか。それほど、信雄は追い込まれていた。家康についても同様で、これ以上戦っても利がないと考えたに違いない。

和睦とはいえ、実質的に悪条件を呑まざるを得なかった信雄・家康連合軍の敗北である。信雄と家康は屈辱的な条件を受け入れ、秀吉に屈服した。これにより、信雄も家康も秀吉への抵抗を諦め、形式的に続いた織田家の宿老体制は終焉を迎えた。駆け引きという点で、秀吉は勝利を手にしたのである。とはいえ、秀吉が二人を完全な形で従属させるには、さらに時間を必要とした。

遠交近攻策以外にも、秀吉の勝因があった。一つには、豊かな財政力を挙げることができよう。同時に、早い段階で畿内を支配下に収め、天下を掌握したことも大きかった。天正十二年十月、正親町天皇の譲位に際して、秀吉は仙洞《せんとう》御所（上皇の御所）を造営した（『兼見卿記』など）。これなどは、天下人（候補）としての象徴的な出来事であり、豊かな財政がなくては遂行し得なかった。秀吉はいち早く京都を支配することにより、信雄や家康を凌駕《りょうが》する存在になっていたのである。

同年十二月十一月二十三日、秀吉は従三位・権大納言に叙位任官された（『公卿補任』）。このときの様子について『顕如上人貝塚御座所日記』は、「叙位任官された当日の様子は、摂家のようだった」と記す。その威風堂々とした姿は、もはや信長の後継者といっても過言ではなかったのである。それは、秀吉の勝利を内外に知らしめることになった。

最後に、小牧・長久手の戦いの意義について述べておきたい。注目すべきは、秀吉と家康との関係である。家康が秀吉と和睦をしたことは形式に過ぎず、この時点で家康はまだ秀吉に服従していないという説、逆に、家康が秀吉に服従したとの説がある。この時点で、秀吉は圧倒的に有利な条件で家康と和睦を結び、いったんは屈服させたとはいえ、その後も紆余曲折があった。目に見える形で家康を完全に従属させるのには、もう少し時間を要する。それは、次章で取り上げるとおり、天正十四年十月に秀吉が家康を上洛させ、官位で家康より高位に立つことを待たねばならない。

第五章

関白就任と家康の従属

徳川家康
（『徳川十五代記』国文学研究資料館蔵）

信雄の上洛

天正十三年（一五八五）一月、秀吉は弟の秀長を名代として、信雄のもとに派遣した（「渡邊家文書」など）。それは、信雄の上洛に関する件であった。秀長に対応したのは、信雄の家臣・飯田《いいだ》半兵衛《はんべえ》だった。二月六日、信雄の妻が病気にかかったので、医師の竹田《たけだ》定加《じょうか》が信雄のもとに行こうとした（「東京国立博物館所蔵文書」）。秀吉がこれを許可していることからわかるように、両者のわだかまりは解消していた。

二月十日、秀吉は来る十五〜十六日に信雄が上洛することを受け、石清水八幡宮（京都府八幡市）惣中に道の普請を命じた（「片岡文書」）。いかに信雄が屈したとはいえ、主君だった信長の子であり、秀吉は配慮を示しているといえよう。しかし、信雄の上洛日程は定まらなかったようだ。徳川家康は信雄の家臣・滝川雄利に書状を送り、上洛するのか否かを尋ねている。同じく秀吉に屈した家康は、信雄の動きを注視し、今後の対応を検討しなくてはならなかった。

信雄が大坂に向かったのは、二月二十二日のことである（『顕如上人貝塚御座所日記』など）。秀吉は到着した信雄をもてなし、茶や能などを楽しんだ。信雄のほうから秀吉を訪問したのだから、実質的な屈服であるといえよう。この直後、信雄は大坂を出発すると、京都へと向かった。信雄は上洛することにより、完全な形で秀吉に従属したことを示したわけである。

二月二十六日、信雄は上洛すると、正三位・権大納言に叙位任官された(『公卿補任』など)。『光豊公口宣案之写《みつとよこうくぜんあんのうつし》』には、興味深いことが書かれている。これまで信雄は五位の中将だったが、秀吉が朝廷に申し入れたことによって、一気に正三位・権大納言まで昇進したのである。内々に秀吉が申し入れたことは、『兼見卿記』にも書かれている。信雄は昇進に際して、朝廷などにお礼の金銭を進呈した。

ここで注目すべきは、秀吉が官位の斡旋を行ったことである。秀吉は信雄に高い官位を与えて懐柔することにより、信雄を通じて家康の上洛を促そうとしたのだろう。すでに家康も高い官位を与えるという条件で、秀吉から上洛を促されていたのではないか。それゆえ、秀吉は自身の従三位・権大納言を上回る地位を信雄に与えるよう、朝廷に申し入れたと考えられる。

ただ、その翌月、秀吉は信雄を上回る正二位・内大臣に叙位任官され、両者の立場は逆転した(『公卿補任』)。秀吉の昇進のシナリオは、予定されたものだろう。これにより、秀吉の地位が信雄よりも上だということが世に知らしめられた。

早い段階で、秀吉は京都支配を任されていたが、信雄に官位を斡旋しうる立場にまでなっていた。そして、自身も正二位・内大臣という高位高官を手に入れ、もはや天下人としての地位は揺るぎないものになった。秀吉は京都支配などを通して、朝廷との信頼関係もしっかり築いていたのである。

秀吉の四国征伐

天正十三年三月、秀吉は、反抗的な態度を示してきた紀州惣国一揆への攻撃を開始する。紀州惣国一揆は、根来寺、粉河寺《こかわでら》（和歌山県紀の川市）、雑賀衆など、和泉、紀伊の反秀吉勢力で構成された。一揆衆が籠る太田城（和歌山市）への攻撃の方法は、備中高松城と同じく水攻めだった。同年四月になって、紀州惣国一揆は降伏したが、抵抗した五十三名は磔刑《たっけい》に処せられた。

また、抵抗する土佐の長宗我部氏に対しても、秀吉は容赦しなかった。

本能寺の変後、長宗我部元親は再び四国統一を成し遂げようと動き出し、四国は争乱が生じていた。長宗我部氏が攻撃したのは、伊予の河野《こうの》氏であった。長宗我部氏は本拠の土佐から、伊予だけでなく阿波・讃岐をも視野に入れ、着々と軍事行動を開始したのである。その間、信雄や家康から盛んに畿内出兵を求められたのは、先述のとおりである。

秀吉は長宗我部氏の動きを封じるため、一つの提案を行った。秀吉は元親に対して、伊予・讃岐を返上するよう命じ、本国の土佐と阿波を加えた二カ国を安堵すると伝えたのである。秀吉からすれば、最大限の譲歩だったのかもしれない。しかし、元親はこの申し入れに納得することなく、伊予の返還を主張した。話は平行線をたどり、ついに二人は対決することになった。

天正十三年五月、秀吉は長宗我部征伐を行うため、黒田孝高に先鋒を任せ、翌月に淡路へ出陣するよう命令した（「郡文書」）。当初は、秀吉自身が出馬する計画であったが、病により断念せざるを得なくなった。秀吉に代わって、総大将を務めたのが弟の秀長であり、副将は甥の秀次が務めた。

同年六月十八日、三万の兵を率いた秀長は、和泉・堺から四国に向かった。一方の秀次は、三万の兵を率いて明石（兵庫県明石市）を発ち、両軍は阿波の土佐泊（徳島県鳴門市）で合流した。秀長・秀次の率いた兵卒は、合計六万という大軍であった。

豊臣方に与した小早川隆景と吉川元春は、三万以上の兵を引き連れ、すでに伊予に上陸していた。孝高は宇喜多秀家・蜂須賀正勝とともに、二万三千という大軍を率いて讃岐国屋島（香川県高松市）に到着した。こうして秀吉軍は阿波・讃岐・伊予の三カ国から、じわじわと元親包囲網を形成し、来るべき戦いに備えたのである。

対する長宗我部氏の軍勢は、二万〜四万だったといわれている。軍勢の数からいえば、秀吉方が圧倒的に優位だった。この時点で、すでに長宗我部氏に勝ち目はなかった。

戦いは秀吉方の有利なままに進み、長宗我部方は各地で連戦連敗を繰り返した。その結果、同年七月に降伏して、八月に和睦が成立。土佐一国の知行だけが元親に許された。元親は秀吉の要求を断ったために、阿波を取り損なったのである。また、元親は秀吉に人質を供出するなどし、完全に屈服した。

秀吉方の諸将には、その軍功に応じて恩賞が配分された。破格の扱いを受けたのは、蜂須賀氏であった。正勝は恩賞を辞退したものの、代わりに子の家政《いえまさ》に阿波一国が与えられた。ところが、正勝とともに行動した孝高には、特段の恩賞があったとの記録はない。孝高に恩賞がなかった理由は、判然としない。先に秀吉は毛利氏を屈服させたので、中国・四国を実質的に支配下に収めたことになる。

同時に並行して、秀吉は北国攻めも行っていた。秀吉は、反抗する佐々成政を討つため自ら出陣した。結果、成政は同年八月末日に秀吉に降伏し、剃髪して軍門に降った。和睦を仲介したのは信雄である。成政は大坂に移住させられ、いったん秀吉の御伽衆になった。その後、成政は天正十五年の九州征伐で軍功を挙げ、肥後一国を与えられたが、一揆の鎮圧に失敗。翌年、摂津尼崎で切腹させられた。

関白とは何か

それ以前の七月十一日、秀吉は関白に就任し、その威勢は頂点に達した。

秀吉が関白に就任した過程を取り上げる前に、いったい関白がどのような職であったのか説明をしておこう。

日本史上に関白という職名が初めて登場するのは、宇多《うだ》天皇が仁和三年（八八七）に太政大臣の藤原基経《ふじわらのもとつね》を任命したときといわれている。それ以前の元慶八年（八八四）、すでに基経は光孝天皇を補佐し、関白としての実務を担当していた。関白には、「百官の上奏に関《あずか》り、意見を白《もう》す」という意味がある。要するに、天皇の補佐役といえばいいだろう。

十世紀末頃からは、天皇が幼少のときには摂政を、成長してからは関白をそれぞれ置くことが慣例となった。摂政と関白との違いは、摂政が天皇の代理人的な意味合いがあるのに対し、関白は天皇を補佐する地位に止まるとされている点にある。しかし、実質的には、両職に大きな差はない。やがて摂政・関白の職は、藤原氏北家が独占し、藤原道長《みちなが》以後はその子孫に継承された。いわゆる摂関政治だ。

鎌倉時代以後は、五摂家の近衛《このえ》、九条《くじょう》、二条《にじょう》、一条《いちじょう》、鷹司《たかつかさ》の各家が、交代で摂政・関白の職を務めるようになり、五摂家以外の公家は就任することができなかった。例外的に、織田信長は関白就任を打診されたが、結局は受けなかった。

五摂家が摂政・関白の職を独占したことは、これから述べる豊臣秀吉・秀次父子が関白職に就いたのを唯一の例外として、幕末・維新期まで延々と続いた。したがって、秀吉が関白に就任したという事実は、計り知れないほどの重みと衝撃があったのである。

関白就任へのアリバイ工作

肝心なことだが、秀吉は一足飛びに関白に就任したわけではない。いくつかの官位を与えられ、段階を踏まえて関白に就任した。

①天正十年十月……………従五位下・左近衛権少将
②天正十一年五月…………従四位下・参議

③天正十二年十一月………従三位・権大納言
④天正十三年三月………正二位・内大臣

一連の任官の状況は、「木下家文書」に口宣案《くぜんあん》（辞令書）が残されているが、その任官の過程については疑義も提示されている。たとえば、①と②の口宣案に関しては、秀吉が従三位・権大納言を受けるに際して、日付をさかのぼって作成されたという見解がある。ただし、決して偽文書というわけではない。つまり、秀吉が順調に叙位任官を果たしたようにするアリバイ工作といえよう。急に高い官位に就けることは、体裁として歓迎されなかったようだ。

このような過程を見ると、秀吉が官位を強く意識し出したのは、天正十二年十一月頃からであると指摘されている。それは奇しくも、秀吉が小牧・長久手の戦いを経て、信雄・家康と和睦を結んだ頃である。秀吉は京都市中や畿内を掌握するなど、もはや一宿老の枠に収まらない存在となっていた。秀吉が高い官位を望んだのは、本格的に天下人を意識した証左にならないだろうか。とはいえ、まだ天下は、京都および畿内を意味するものだった。

「関白相論」という事件

秀吉が関白に就任した一連の過程は、一般的に「関白相論《そうろん》」と称されている。相論とは、訴訟して争うという意味である。この関白相論とは、いかなる事件だったのだろう。

「関白相論」を簡単に言うならば、二条昭実《にじょうあきざね》と近衛《このえ》信輔《のぶすけ》が関白職をめぐって争い、その相論に乗じて秀吉が関白に就任した一連の出来事のことである。なお、関白相論についての関係史料は、『大日本史料』（第十一編之十七）にすべて収録されている。

天正十三年五月の時点において、関白以下の任官状況と以降の大臣などを含めた就任予定は、以下のようになっていた。

①関　白・二条昭実　↓　一年程度の在職ののちに辞任
②左大臣・近衛信輔　↓　関白（左大臣兼務）
③右大臣・菊亭晴季《きくていはるすえ》　↓　辞任
④内大臣・羽柴秀吉　↓　右大臣

関白職は五摂家の持ち回りで、このような予定で進められていたのだが、この人事計画が思わぬ波紋を巻き起こす。この人事計画に反対したのが、ほかならぬ秀吉であった。秀吉が仕えた織田信長は、右大臣を極官《ごっかん》（最高の位）として、天正十年六月に本能寺の変で横死している。この事実をもって、秀吉は内大臣から右大臣に転任することについて、縁起が悪いと言い出したのである。秀吉は信長の「凶例」を避けるため、右大臣でなく左大臣への就任を要望した。

現在のわれわれには、迷信らしきことを信じるのは違和感があるが、これが当時の人々の感覚であった。ちなみに、右大臣よりも左大臣の方が高位である。秀吉は右大臣が不吉極まりない官位であると主張したが、本当にそのように思っていたのかについては、いささか疑問が残る。実は、秀吉が一足飛びに左大臣への就任を希望した可能性もあろう。

秀吉の申し出に対して、朝廷は大いに困惑したに違いない。信長の死後、激しい権力闘争を経て、天下を掌握したのは秀吉だった。京都の治安維持も秀吉が頼りだった。秀吉が御所造営にも援助を惜しまなかったこともあり、朝廷は秀吉に相当な配慮をしなくてはならなかった。内大臣の就任も秀吉への配慮だったが、さらに要求がエスカレートしたのである。

だが、秀吉の要望を受け入れると、事態が複雑化するのは目に見えていた。内大臣の秀吉が左大臣に昇進するとなれば、近衛信輔はいったん任官のない状態を経て、二条昭実の辞任後に関白職に就くことになる。こうした手順は今までになく、極めて面倒なことになった。当時の人々は先例を重んじていたので、ことは実に厄介だったのだ。しかし、朝廷は秀吉の要求を受け入れざるを得なかった。

信輔は左大臣を秀吉に譲らざるを得なくなったため、「近衛家では元大臣（無官）という状態から、関白になったことは今までなかった」と主張し、すぐに昭実に関白職を譲るよう辞任を迫った。これに対し、関白に就任してわずか一年足らずであった昭実は、「二条家では関白に就任して、一年以内に辞任した者はいない」と反論、関白辞任を拒否したのである。こうして関白職をめぐる問題はこじれていった。しかし、事態は秀吉の思いどおりに好転する。

奇想天外な解決策案

信輔と昭実の間には、険悪なムードが漂った。結局、二人の争いは朝廷に持ち込まれ、「三問三答」という当時の裁判方法で解決が図られることになった。「三問三答」という訴訟手続は、訴人（原告）の訴状に対して、論人（被告）が陳状（反論の文書）を提出し、両者の問答がそれぞれ三回ずつ行われるものである。

とはいえ、お互いの主張は、真っ向から対立した。決して歩み寄ったり、譲歩したりする姿勢はなかった。信輔と昭実の争いは泥沼化し、解決は極めて困難な状況に陥った。

結局、二人の訴訟は秀吉のもとに持ち込まれ、解決が図られることになった。早速、秀吉は配下の前田玄以と右大臣の菊亭晴季の二人に相談を持ち掛け、穏便な解決策を検討したのである。

ここから事態は急展開を遂げる。解決の糸口は、晴季からの意外な提案にあった。その提案とは、秀吉を関白職に就けるという奇想天外なものだった。提案を受けた秀吉は「いずれを非と決しても一家の破滅となるので、朝家（朝廷）のためにならない」ともっともらしい理由付けをして、自身の関白就任の意向を示したのである。晴季からの提案とはいえ、あらかじめ秀吉から申し含められた可能性がある。

しかし、秀吉が関白に就任するには、大きなハードルがあった。それは秀吉の出自である。秀吉は武家どころか、ただの百姓の子に過ぎなかった（出自については諸説ある）。先述のとおり、関白に就任するには、五摂家という公家のなかでも最高の家柄出身者に限られている。この点をどう解決するかが、大きな焦点になった。

その鍵を握ったのは、すでに引退していた信輔の父・前久《さきひさ》である。前久は秀吉を猶子として迎えることと引き換えにして、将来、子の信輔を関白に就けることを約束させた。前久にとっては、家名を守るための苦渋の決断だった。

この場合の猶子というのは、相続を目的とせずに仮の親子関係を結ぶものである。つまり、前久・信輔父子としては、秀吉の関白就任はあくまで一時的なものに過ぎず、のちに関白職は近衛家、そして五摂家のところに戻ってくると信じていた。このようなプロセスを踏まえ、秀吉は天正十三年七月、晴れて関白に就任したのである。

ところが、秀吉が一連のプロセスを計画的に仕組んで、関白に就任したという疑惑を拭い去ることはできない。近衛家との約束は、結局守られなかったからである。

約束の反故

その後の秀吉は、さらなる快進撃を続けた。翌天正十四年九月、秀吉は京都の大内裏跡に聚楽第（京都市上京区）を築き、大坂城から移ってきた。同年九月には、後陽成《ごようぜい》天皇に位を譲った正親町天皇が、秀吉の造営した新御所に入った。同時に、秀吉は太政大臣に就任し、「豊臣」姓を下賜されたのである。関白は令外官《りょうげのかん》（律令の令に規定されていない官）だったので、秀吉は太政大臣に就任することにより、公家の頂点に立った。

さらに、秀吉は近衛前久の娘・前子《さきこ》を猶子とし、後陽成天皇に入内《じゅだい》させた。秀吉は天皇の外戚になったが、そこには周到な準備があった。天正十六年、後陽成天皇が聚楽第に行幸した際、秀吉は諸大名に対して、天皇と自身に忠誠を尽くし、臣従することを誓約させたのだ（『聚楽行幸記』）。

このように秀吉は、一気呵成に朝廷を取り込むことに成功した。出自の貧しい秀吉は貴種性を求めていたが、朝廷を利用することにより、自身の権力を強化したのだ。

秀吉が退いたあとの関白職は、先述のとおり、五摂家へ戻されることになっていた。しかし、天正十九年十二月に秀次が関白職を継承し、信輔と交わした約束はすべて反故にされたのである。秀吉は関白相論に乗じて見事に関白の座に就き、その後は世襲化した。以後も巧みな手法で秀吉は天皇家に接近し、天皇を推戴しつつ自らの権威を高めようと目論み、それがすべてうまくいったのだ。

秀吉と信長が大きく異なるのは、官位をいかに扱うかという点になろう。秀吉は関白、太政大臣はもちろんのこと、「豊臣」という新たな姓を賜った。さらに秀吉は、官途や氏（羽柴）、姓（豊臣）を諸大名に与え、新たな身分秩序を作り上げて統制しようと考えた。その点については、次章で触れることにしよう。

苦闘する家康――第一次上田城合戦

秀吉が着実に権勢を高めるなか、家康は信濃上田（長野県上田市）に本拠を置く真田氏と領土の帰属をめぐって争っていた。

天正十三年になると、家康は天正十年三月に滅亡した武田氏の遺領を有効に分配すべく、北条氏との交渉を検討していた。その際、北条氏が要求したのは、真田昌幸の持つ沼田城を明け渡すことだった。

家康は沼田城の明け渡しを昌幸に命じたが、昌幸は徳川氏から与えられた領地ではないことを理由にして、この命令を拒否。それどころか、昌幸は越後の上杉景勝と通じたので、昌幸と家康の関係は決裂したのである。

昌幸が裏切ったことを知った家康は、真田討伐を決意する。翌八月、真田氏の本拠・上田城に向けて、家臣の鳥居元忠、大久保忠世、平岩親吉ら精鋭の約七千の兵を派遣した。徳川軍は甲斐から諏訪道を通過して、北国街道を進軍。上田盆地に至ると、兵を上田城近くの信濃国分寺付近に配置した。一方、上田城で迎え撃つ昌幸の軍勢は、わずか約二千（千二百とも）といわれている。

真田方は上田城に昌幸、支城の戸石城（長野県上田市）に長男の信幸《のぶゆき》（信之）がそれぞれ籠城。従兄弟の矢沢頼康《やざわよりやす》は上杉氏の援軍と共に、支城の矢沢城（同上）に立て籠った。同年閏八月二日の上田城外の国分寺の戦いでは、真田方が徳川方の猛攻を凌ぎ、退けることに成功した。

真田勢は徳川勢と信濃国分寺近くで、小競り合いをしながら退却。昌幸は甲冑もまとわず、櫓《やぐら》の上で家臣と碁を打ち、城門を閉ざしていたというが、碁を打っていたというのは史実ではないだろう。徳川勢は真田勢が抵抗しないので、一気に城を落とそうと城内になだれ込んだ。しかし、昌幸は周到な準備をして、徳川勢を待ち構えていた。上田城下には敵の動きを封じるため、千鳥掛け（互い違い）の柵を設置していた。また、約三千の武装農民を複雑な並びの町家・山野に配置し、伏兵とした。

徳川勢が鬨の声を上げて大手門を突破しようとすると、昌幸は隠しておいた丸太を落とさせ、徳川勢に弓・鉄砲を放った。さらに強風に乗せて上田城の町家に火を放つと、真田方の武装した農民が一斉に徳川勢を攻撃した。徳川軍が後退する際には、真田方から追撃され、戸石城の信幸が加勢に及んだので壊滅。撤退する徳川軍は千鳥掛けの柵に引っかかり、右往左往の状況に陥った。さらに矢沢勢が追撃戦に加わり、昌幸が、神川《かんがわ》に仕掛けた罠により、多数の将兵が溺死したのである。

勝因は、真田方の地の利を活かした戦法だった。信幸は沼田方面の家臣に対し、国分寺付近で敵千三百余りを討ち取った旨を記した勝利の報告を伝えた。その後、家康は真田氏に味方した丸子《まるこ》氏が籠る丸子城（長野県上田市）の戦いでも、相変わらず苦戦を強いられた。同城は要害として知られ、さらに頑強に抵抗したので攻略できなかった。以後、二十日間にわたり対陣を続けたが、状況は変わらなかった。

この間、上杉勢が増援するとの報に接し、家康は援軍を出しつつも、撤退を命令。結果的に、徳川軍は上田城から続々と退いたのである。

その後、昌幸は来るべき戦いに備えて、景勝の援助を受け、上田城の普請を行った。景勝は上田城を対徳川氏・北条氏の最前線と捉え、上田城の大規模な改修工事に対して積極的な支援を行ったのである。

一連の戦いでは、真田氏が秀吉を頼ったので、家康と秀吉の関係は再び緊張に包まれた。付け加えておくと、信濃の小笠原氏も家康から離れ、秀吉に臣従する道を選んだ。秀吉の威勢が高まる一方で、家康は劣勢に追い込まれた。

石川数正の出奔

天正十三年六月、信雄は家康に書状を送った（「久能山東照宮博物館所蔵文書」）。当時、秀吉は佐々成政を討伐すべく越中に出陣中だったが、家康が成政とともに秀吉に対抗するとの噂が流れた。そこで、信雄は家康に対して、家老の中から秀吉に人質を差し出すよう勧めたのである。加えて、成政が家康の領国に逃げ込むことがあれば、秀吉は遺恨を抱くだろうとした。とはいえ、家康はすぐに人質を出さず、引き続き家中で話し合った。その際、人質を出すよう主張していたのが、秀吉の取次を務めた数正だった。

十月十五日以降、徳川家中では人質の件で慌ただしくなった。そして、十月二十八日、国衆らと相談した結果、秀吉に人質を出さないとの結論に至った（『家忠日記』）。その後、家康は北条氏と起請文を交わし、同盟を結んだのである。それを受けて、北条氏は家康が秀吉と開戦することがあれば、加勢することを伝えた（「古簡雑纂」）。家康はいったん秀吉に屈服したものの、再び叛旗を翻そうとしたのだ。

その直後、大事件が勃発する。家康の股肱の臣である石川数正が徳川家中を出奔し、秀吉のもとに走ったのである。以下、史料から経緯を確認しよう。

十一月十三日、石川数正が家中を出奔したとの情報が流れた（『家忠日記』）。数正は女房衆を連れて、尾張に退いたという。数正が出奔した理由は、とくに記されていない。それを受けて十一月十六日、家康は三河国岡崎に帰還した。その前日の十一月十五日、家康は同盟者の北条氏直に書状を送り、数正が出奔して尾張に向かったことを知らせている。家康が氏直に報告したのは、同盟者の北条氏にとっても重要な情報だったからだろう。家康にとって、数正の出奔は大きな打撃となった。

十一月十七日、秀吉は数正出奔に関わる書状を発給したが、残念ながら宛名がない（「稲村正太郎氏所蔵文書」）。内容から判断して、数正宛と考えられている。

書状の内容としては、数正が足弱（女性・子供）らと尾張国熱田にやって来たことは、織田信雄から秀吉に報告があった。秀吉は心もとないだろうと思い、配下の津田《つだ》盛月《もりつき》と富《とみ》田《た》一白《いっぱく》の二人を数正のもとに向かわせた。そして、急いで近江あたりまで数正に来てもらい、家康の考えなどを直接うかがいたいとしている。秀吉は迎えまで送ろうというのだから、かなり丁重な対応である。数正が家康のもとから出奔したことは、秀吉にとっても意外だったようだ。

数正は、なぜ徳川家中から出奔したのだろうか。史料には明確に書かれていないが、いくつかの説が示されている。

数正は徳川方の使者として、何度も秀吉のもとを訪れていた。数正が秀吉と面会を重ねるうち、その実力に気付くのに時間はかからなかっただろう。やがて数正は、秀吉に従うべきだという考えに至ったのではないか。数正の出奔には、秀吉の取次役を務めていたという背景があった。

一方、徳川家中では、秀吉への対応について種々議論が重ねられていた。数正の主張は秀吉と友好的な関係を続けることであり、佐々成政の一件をめぐっては、信雄の助言に従って人質を出すことに賛成だった。しかし、ほかの家臣には秀吉に対する強硬派が多く、最終的に人質は出さないことになった。こうした決定を受け、次第に数正は徳川家中で孤立していったと考えられている。

同じ頃には、信濃小笠原氏が徳川家から離反した。小笠原氏に指南を行っていたのが数正だったので、失態とみなされ、家中での立場を失わせる結果となった。こうした一連の流れが、数正が出奔した理由ではなかったかと考えられている。

徳川家中に居づらくなった数正は、秀吉を頼らざるを得なかった。そして、秀吉は数正を歓迎したのである。

すでに触れたとおり、数正はこのときまで、家康の偏諱《へんき》を授けられ「康輝《やすてる》」と名乗っていたが、秀吉に属してからは、その偏諱を与えられて「吉輝《よしてる》」と名乗りを変えた。これは、まさしく秀吉と数正の主従関係の証であった。数正は名実ともに徳川家を捨て、豊臣家の配下になったのである。

秀吉と家康の対立、再び

こうした一連の状況を受けて、秀吉は家康の討伐を決意した。一方の家康も、秀吉の攻撃に備えて準備を進めた。再び両者の間に火花が散ったのだ。

十一月十九日、秀吉は真田昌幸に書状を送った(「松丸憲正氏所蔵文書」)。秀吉は数正が出奔してきたことに触れ、家康が天下(＝秀吉)に対して事を構えていることを伝えた。そこで、秀吉は昌幸に家康討伐の旨を伝え、今年はもう時間がないので、翌天正十四年一月十五日に出陣すると記した。そして、信濃、甲斐については、小笠原貞慶《おがさわらさだよし》と木曽義昌と相談し、抜かりがないように指示している。

ここまで「天下」とは、畿内を意味すると述べてきたが、この書状で「天下に対し」という箇所は、明らかに秀吉を指している。つまり、この頃から秀吉は、「天下」を自身に重ね合わせているのであるが、この時点でもまだ「天下」が相変わらず畿内を指しているというのが通説である。

さらに十一月二十日、秀吉は一柳直末に書状を送った（「一柳家文書」）。秀吉は数正が徳川家から出奔したことを告げ、その件で徳川方から十一月十七日に書状が来て懇望されたが、同意しなかったという。冒頭には、徳川方から供出される人質の返事が遅れている件も書かれているので、数正のことも相まって、何らかの要望があったのだろう。秀吉はそれを許さず、翌天正十四年一月十五日に出陣するので、星崎（名古屋市南区）に軍勢を送り込み、三河の情勢を探るよう直末に伝えた。秀吉に臣従した信雄の家臣らも星崎に赴いた（『家忠日記』）。

十二月二日以降、松平家忠は三河東部の城の普請に着手した（『家忠日記』）。秀吉と対立したことに伴い、家康が三河の一向宗を懐柔したことも注目されるだろう。かつて家康は一向宗と敵対関係にあったが、秀吉に対抗するため手を結んだのである。

天正の大地震による影響

家康と秀吉がいよいよ決戦に及ぼうとしたとき、天正の大地震が起こった。以下、代表的な被害を挙げておこう。

天正十三年十一月二十九日、美濃の内ヶ島氏理《うちがしまうじまさ》は秀吉から所領を安堵されたことを祝い、帰雲城《かえりくもじょう》(岐阜県白川村)で祝宴を催した。ところが、同じ日の午後十一時頃、東海・北陸・近畿という広い地域を巨大地震が襲った。これが天正の大地震だ。

その凄まじさは、当時の記録にも書き残されている。『舜旧記』という史料によると、海岸近くの場所は波に覆いつくされ、死人が多数出たという。地震はその後も断続的に翌年初頭まで続き、京都や奈良の寺社では地震が収まるよう祈禱を行った。天正の大地震は各地に深刻な被害をもたらした。

むろん帰雲城も例外ではなく、富山湾から流れる庄川右岸の帰雲山が大崩落を起こした。これにより、帰雲城をはじめ、城主の内ヶ島氏理をはじめとする一族・家臣と住民や牛馬があっという間に地下に埋没してしまった。こうして、百二十年余り続いた内ヶ島氏は、ほんの一瞬で帰雲城とともに消滅したのである。

『顕如上人貝塚御座所日記』には、帰雲城の被害状況が詳しく書かれている。その記述を現代語訳で示すと、次のとおりである。

飛驒の帰雲という場所は、内ヶ島という奉公衆が住んでいる場所である。帰雲は地震で山が揺り崩され、山河の多くが削がれてしまった。内ヶ島氏が住んでいる場所にも洪水が押し寄せ、内ヶ島氏の一族や住人までもが残らず死んでしまった。たまたま他国に出掛けていた者が四人だけ生き残り、泣く泣く帰雲に戻ったとのことである。ただ、帰雲はことごとく淵になってしまった。

この記述は十二月四日に書かれているので、一週間も経たないうちに、今の岐阜から大坂へ、被害状況がもたらされたことになる。岐阜県郡上《ぐじょう》市の長瀧寺《ちょうりゅうじ》に伝わる『長瀧寺荘厳講記録』には、飛驒に地震があったとの記述に続けて、「白川、帰雲の二つの山は打ち崩れ、内ヶ島氏理のほか五百人余と牛馬までも一瞬に死んでしまった」と書かれている。後世の編纂物も、ほぼ同じことを伝えている。

この天正の大地震は、秀吉と家康との関係にも大きな影響を与えた。

帰雲城の被害は甚大だったが、ほかの地域も例外なく惨事に見舞われた。三河では、十一月二十九日から翌日に掛けて、大地震があったことが記録されている。先述した三河東部における城の普請は、秀吉の攻撃に備えるとともに、地震への対策という側面もあったと考えられる。

深刻な被害は、畿内やその周辺にも及んでいた。丹後や若狭の海辺は津波に襲われ、多くの人が流されたという。被害は近江や伊勢にも及び、多数の死者が出た。坂本に滞在中だった秀吉は、直ちに上洛した。禁中においては、吉田兼見に祈禱を申し付けた（『兼見卿記』）。ただし、大坂城は頑強な造りだったので、被害が出なかったという（『顕如上人貝塚御座所日記』）。もはや秀吉も家康も合戦どころではなかった。

『勢州長島記』という編纂物によると、信雄の居城・長島城の天守は大破したという。十二月四日、秀吉は信雄の家臣・飯田半兵衛に書状を送った（『黄薇古簡集』）。そこには、地震によって長島城の天守が焼けたと書かれている。ただ、秀吉はそんな状況でも、半兵衛が茶道具を持ち出して無事だったことを褒めたたえている。

秀吉は大地震にもめげなかった。年が明けた天正十四年一月九日、秀吉は越後の上杉景勝に書状を送っている（「熊野神社文書」）。前年に送った書状で秀吉は、家康を討つべく出陣の意向を示していた。天正十四年の書状では、一月に先勢を差し遣わしており、自身も二月十日頃に出陣すると述べている。そのうえで、景勝に出陣を求めたのだ。地震後、秀吉は早急に態勢を整え、家康を討つという所期の目的を果たそうとしたのである。

家康の従属

しかし、事態は急展開を告げる。一月二十四日、信雄は三河へと下向して家康に面会し、秀吉との和睦の件で了承を取り付けた（『顕如上人貝塚御座所日記』）。つまり、信雄は秀吉と家康の和睦を仲介しようとしたのである。信雄は秀吉に臣従していたので、自主的に行ったのではなく、秀吉から差し向けられたのかもしれない。

その後、しばらく和睦の動きは見られないが、二月二十六日に家康は北条氏政と面会をした（『家忠日記』）。内容までは書かれていないが、北条氏政は同盟の相手なので、秀吉との和睦の件を相談した可能性が高い。二人は鎌田（静岡市駿河区）で面会し、家康はその日のうちに浜名（静岡県浜松市）へ帰った。

前後するが二月八日、秀吉は一柳直末に書状を送り、家康の人質の件が滞ったので成敗しようとしたが、家康から赦免の申し出があったので許したという（「一柳文書」）。同日、秀吉は蜂須賀《はちすか》家政《いえまさ》に書状を送り、家康を赦免したことを伝えた（『阿波国徴古雑抄』）。それだけでなく、秀吉は東国、北国、西国、鎮西（九州）までが自分の思いどおりになったとして、家政に大坂城の普請を命じ、二月二十三日以前に大坂に来るように伝えた。なお、秀吉の出陣取りやめは、信濃の真田昌幸にも伝えられた（「真田家文書」）。

秀吉は家康が人質供出の約束を履行しないので討伐を決意したが、家康から和睦の申し出があったので、これを認めたというわけである。和睦を認めたのは、家康と一戦交えることによる人的、経済的な損失を避けるためだろう。一方で秀吉は、家康を完全に従属させるため、上洛させようと考えていた。

ところで、家康は、なぜ和睦に転じたのだろうか。家康が頼りにできそうなのは、関東の北条氏くらいだった。越後上杉氏をはじめ中部、東海方面の大名や国衆は、おおむね秀吉方である。北条氏が家康の味方とはいえ、背後の北関東の諸大名は反北条氏なので、決して安穏とはしていられなかった。つまり、秀吉による「家康包囲網」は強固なもので、戦っても敗北は必至だった。その予測は、信雄や北条氏政と相談しても変わらなかっただろう。総合的に判断した結果、家康は秀吉に赦免を求めざるを得なくなったのだ。

家康と朝日姫の結婚

秀吉から赦免された家康は、北条氏政と伊豆国三島（静岡県三島市）、駿河国沼津（同沼津市）で二回にわたって会談をした（「西山本門寺文書」など）。当時、北条家の家督は子の氏直が継いでいたが、氏政が後見として力を持っていた。二人は、互いの関係に変わりないことを確認したのである。

秀吉は家康を許す条件として、秀吉の妹・朝日《あさひ》姫の輿入れを求めた。四月五日、秀吉は一柳直末に書状を送り、清須までの人足と馬を用意するように命じた（「一柳文書」）。一説によると、朝日姫は佐治《さじ》日向守と結婚していたが、家康へ嫁がせるため、むりやり離縁させられたという。秀吉はそこまでしてでも、家康との関係を重視した。

しかし、ここで大問題が発生する。家康は朝日姫の受け入れに際して、秀吉のもとに家臣の天野《あまの》景能《かげよし》（康景《やすかげ》）を派遣した。ところが、景能のことを知らなかった秀吉は激怒し、重臣たる本多忠勝か榊原康政《さかきばらやすまさ》を派遣するよう要求したのである。つまり、秀吉は家臣の格を問題とし、重臣を寄越せと言いたかったのだろう。秀吉の扱いは、一筋縄ではいかなかった。これにより、婚儀は延期となったといわれている。

この一件で、立腹した家康は秀吉との交渉を打ち切ろうとした。すると、仲介した信雄の家臣・土方雄良は、秀吉との関係を断つと信雄の面目が潰れると説得、最終的に本多忠勝を使者として秀吉のもとに派遣した。これにより両者の関係は回復し、五月になって家康と朝日姫の婚儀が成立したのである。二人が婚姻関係で結ばれたことによって、家康と秀吉は親類になった。二人の婚姻は、秀吉が家康を完全な従属下に置く第一歩だった。

秀吉は家康が配下に加わったので、かつて家康に従っていた真田、小笠原、木曽の三氏を家康の配下として戻すことにしたが、真田昌幸だけは秀吉の命に応じなかった。それどころか、人質を差し出さず、叛旗を翻した。怒った秀吉は家康に真田の討伐を許したので、家康はすぐに出陣の準備を進めた（『家忠日記』）。しかし、上杉景勝の仲介もあって、真田討伐は中止になったのである。その後、家康が三河東部の城の塀や門を壊したのは、秀吉に敵対心がないことを示すためだったのだろう。

家康の上洛と臣従

かくして婚儀がまとまり、いよいよ家康の上洛の件が俎上に上った。九月二十四日、浜松にいた家康は、上洛に関する件で秀吉らから遣わされた使者に会うため岡崎へ移った。同月二十六日、家康は秀吉からの使者の浅野長吉、津田盛月、そして信雄の家臣・織田長益、滝川雄利、土方雄良を交えて話し合い、その翌日、家康は浜松に帰ったのである。話し合った内容は、上洛の日程や宿所のことなどだろう。

とはいえ、家康の上洛には危険が伴ったと考えられる。十月七日、秀吉は母の大政所を三河に遣わすことになった（『多聞院日記』）。家康は大政所を預かることによって、身の保全を図ろうとしたのである。これは、家康の上洛に伴う交換条件であり、厳密な意味での人質ではなかった。『多聞院日記』には、正親町天皇の譲位のことが書かれているので、秀吉はこの機会に乗じて威勢を見せつけるべく、家康の上洛を急がせたのだろう。大政所は十月十三日に大坂を発ち、三河国へと向かった（『多聞院日記』）。十月十八日、大政所は三河岡崎に到着した。

一方、家康は十月十四日に浜松を出発、吉田（愛知県豊橋市）に至った。その後、吉良《きら》（同西尾市）、宇頭《うとう》（同岡崎市）を経て西上した。大坂に到着したのは、十月二十六日のことである。到着した家康は秀長の邸宅を宿所とし、翌日に秀吉と面会した（以上、『家忠日記』など）。現在でも同じであるが、下位の者が上位の者のもとを訪ねるのが礼儀である。これにより、家康は秀吉に臣従の意を表すことになる。

十一月一日、家康は大坂を発って上洛した。その四日後、家康は秀吉とともに参内し、正三位・権中納言に叙位任官された（『公卿補任』）。秀吉の弟の秀長も、同じ官位に叙位任官された。家康は官位においても、秀吉の下位に位置付けられることになった。秀吉は朝日姫を家康のもとに嫁がせて縁戚関係を作り、自分より低い官位に就けることで配下に取り込んだのである。

　その後、家康は正親町天皇の譲位式に参列し、終了後に帰国した。譲位式では、官位の序列によって席次が決まる。これによって、家康が秀吉の下位に位置付けられたことが、改めて世に知らしめられたのだ。十一月十二日、人質の役割を終えた大政所は、三河から大坂へと戻った（『家忠日記』）。こうして、家康は完全に秀吉の配下に組み込まれたのである。すべては、秀吉のシナリオどおりに進んだといえるだろう。

　このような長い過程を経て、秀吉は家康を完全に臣従させることに成功し、畿内およびその周辺、中国、四国、北陸に加え、東海地方をも実質的に支配下に収めたのだ。しかしながら、薩摩・島津《しまづ》氏は秀吉に臣従する気持ちがなく、九州各地に攻勢を強めていた。それへの対抗策は、九州征伐として強行される。

第六章

豊臣政権の確立

豊臣秀吉
（『集古十種』国文学研究資料館蔵）

薩摩島津氏の反抗的態度

長宗我部氏や家康に次いで、秀吉が目を向けたのは、九州一円に威勢を広げつつあった島津氏である。九州では、薩摩島津氏と豊後大友氏の二大勢力が覇権を争っていた。

天正十三年（一五八五）十月、秀吉は島津氏に対して、大友氏との交戦停止を求めた（「島津家文書」）。いわゆる「九州停止令」である。秀吉は、大名間の戦争を禁止することで平和を実現し、自らの権威を高めようとした。これは「惣無事」という政策基調の一環でもある。「惣無事」とは、秀吉が戦国大名間の戦争を禁止し、平和による秩序維持を目的とした政策である。これを受け入れた大名は領土が保全され、拒否すれば討伐の対象になった。

大友氏は秀吉に帰順する意を示したが、一方の島津氏は交戦停止を求められたにもかかわらず、天正十四年一月、豊後大友氏攻めを計画していた。名門の島津氏は百姓の出身という貧しい出自の秀吉を侮っていた節がある（『上井覚兼日記』）。島津氏は秀吉が関白に任官したことをあざ笑い、朝廷が認めたことすらも疑っていた。結局、島津氏は大坂の秀吉に使者を派遣し、大友氏の日向・肥後国境を越えての攻撃に防戦することへの理解を求めた。島津氏は秀吉の停戦命令に従わず、強硬な姿勢を崩さなかったのである。

同年三月、大友宗麟の意向を尊重した秀吉は、長い争乱を鎮めるため、九州国分案を提示したが、それは島津氏にとって驚倒すべき案であった。
①豊後一国・肥後半国・豊前半国・筑後一国――大友吉統《おおともよしむね》（宗麟の子。初名・義統《よしむね》。以下、吉統で統一）
②肥前一国――毛利輝元
③筑前一国――豊臣秀吉の直轄領
④右に示した九州の残りの国々――島津氏領国
島津氏が侵攻して獲得した地の安堵はおおむね認められず、島津氏にとっては大変不利な内容で、退勢著しい大友氏に厚いものであった。

秀吉は、島津氏が国分案に従わなければ、ただちに討伐するとあらかじめ予告していたが、島津氏に秀吉の九州国分案を受け入れる考えはなかった。苦しい立場に追い込まれた大友宗麟は同年四月、島津氏の討伐を懇請するため、大坂を訪問し秀吉に面会を果たす。動きを察知した九州の諸大名や国人は、徐々に島津氏と距離を置くようになり、島津氏は形勢不利な状況に追い込まれた。ところが、島津氏は大友氏への攻撃の手を緩めることはなく豊後に出兵し、秀吉に屈しなかったのである。島津氏の反抗的態度は、かえって秀吉に有利に作用した。島津氏討伐の口実になったからだ。

九州征伐の敢行

こうして秀吉による九州征伐が敢行された。主力となる軍勢は、豊前に出陣した毛利輝元・小早川隆景、および豊後に派遣された仙石秀久、長宗我部元親の面々であった。かつて秀吉に抵抗した毛利氏と長宗我部氏は、もはや秀吉の先兵にすぎなかった。

天正十四年四月、秀吉は毛利氏に城郭の補強、豊前・肥前からの人質の徴集、西海道の道路の整備、兵糧の準備を命じた。なお、黒田孝高は、安国寺恵瓊とともに、秀吉の意向を現地の大名に伝え、同時に現地の状況を秀吉に伝える軍目付《いくさめつけ》の役割を与えられた。

同年七月、島津氏は肥前勝尾城（佐賀県鳥栖《とす》市）主の筑紫広門《つくしひろかど》を攻撃した。筑紫氏は善戦するが、やがて支城の鷹取城（同上）などが落城すると降伏した。その後、島津氏は筑前に侵攻し、岩屋（福岡県太宰府市）・宝満（同上）両城の守将・高橋紹運《たかはしじょううん》と子・立花統虎《たちばなむねとら》（のちの宗茂《むねしげ》）の籠る立花城（福岡県新宮町ほか）を攻撃する。早速、島津氏は岩屋城を落城させ、紹運を自刃に追い込んだ。

翌月、島津氏は宝満城を落とすと立花城に向かったが、同じ頃に豊臣方の毛利氏の援軍が立花城に駆けつけていた。島津氏は戦いが困難であると考え、筑前・筑後の領主に攻撃を任せることにし、いったん帰陣した。

統虎は退く島津氏を追撃し、若杉城（福岡県須恵町）の攻略に成功すると、幽閉中の筑紫広門も脱出して勝尾城を奪還した。島津氏と同盟していた肥前の龍造寺政家《りゅうぞうじまさいえ》は状況の不利を悟り離れるなど、島津氏は危機的な状況に追い込まれた。島津氏に勢いがあったのは最初だけだった。

この間、孝高と恵瓊は秀吉の命令を受け、戦況などの情報を毛利氏らに伝えていた（「黒田家文書」）。孝高らの役割は単に軍目付に止まらず、味方となった領主の支配する村々から人質の徴集を行っていた（「広崎文書」）。十一月になると、島津方の加来与次郎《かくよじろう》が籠る宇留津城（福岡県築上町《ちくじょうまち》）を攻め落とし、千人余りの首を刎ね、男女を磔刑に処したのである（「吉川家文書」）。島津氏は、一気に劣勢に追い込まれた。

劣勢に傾いた島津氏であったが、同年十月には豊後国に侵攻を開始、仙石秀久、長宗我部元親の率いる軍勢と戦った。しかし、ここで予測し得ない事態が起こった。大友氏の重臣たちが次々と離反し、島津氏のもとに寝返ったのである。そして、島津家久が豊後に侵攻すると、大友方の鶴ヶ城（大分市）を攻めようとした。

同年十二月、仙石秀久、十河存保《そごうまさやす》、長宗我部元親・信親父子、大友吉統は、島津氏を迎え撃つべく、鶴ヶ城付近の戸次川《へつぎがわ》に着陣した。ここで軍議が催され、秀久は渡河して島津軍を攻撃すべしと主張したが、元親は加勢を待つべきだと反対した。結果、元親の消極策は退けられ、秀久の島津軍を攻撃する積極策が採用された。秀久は勢いがあるうちに、一気呵成に島津氏を叩こうとしたのだろう。

同年十二月十二日、秀久らは戸次川を越え、島津軍に攻撃を仕掛けた。しかし、秀久の軍勢は不意を突かれて敗走。元親も島津軍と交戦して敗北し、伊予の日振島《ひぶりしま》（愛媛県宇和島市）に逃走した。結果、元親の子・信親や十河存保が討ち死にするなど、散々な敗北に終わった。そのうえ鶴ヶ城も落城し、豊後は島津氏の支配下に収まったのである。秀吉はこの敗北に怒り心頭で、秀久が知行していた讃岐を没収した。ここで、形勢は逆転したのである。

島津氏、降伏する

秀吉方と島津氏の戦いは、一転して島津氏の有利に傾いた。業を煮やした秀吉は、九州征伐に本腰を入れて取り組むことになる。島津氏に負けたままでは、天下人秀吉の沽券《こけん》にかかわる。

天正十四年十二月、秀吉は翌年三月に出馬することを決定し、全国から大坂に二十万の兵を徴集する。天正十五年一月、先陣として宇喜多秀家を進発させると、七軍に分けた部隊も順次九州を目指した。二十万という軍勢は、十分すぎる数だった。

同年三月一日、京都を発った秀吉は、途中で安芸の厳島神社(広島県廿日市《はつかいち》市)に参詣して戦勝祈願をすると、約一カ月で豊前小倉(福岡県北九州市小倉北区)へ到着した。秀吉の作戦は、自身が筑前から肥後を経て薩摩を目指し、弟の秀長には、豊後から日向を経て薩摩に攻め込ませるというものであった。

秀吉の攻勢が開始すると、豊後に進駐していた島津勢は浮き足立った。島津氏の豊後支配は万全ではなく、国人らに叛旗を翻される不安を抱えていたのである。三月になると、島津氏は本国に向けて退却をはじめたが、予想どおり国人らの裏切りに遭った。島津方の軍勢は途中で多くの有力な部将を失うという悲劇に見舞われながらも、何とか本国に苦心惨憺して逃げ帰ったのである。

一方の秀吉は、四月に豊前・巌石城《がんじゃくじょう》(福岡県添田町)を攻略すると、すぐさま秋月《あきづき》氏を降伏させた。その後、筑前、筑後、肥後と進撃を続け、勝利を積み重ねた秀長の軍勢とともに、薩摩《しまづ》へと迫ったのである。同年四月十七日の根白坂（宮崎県木城町《きじょうちょう》）の戦いで、黒田孝高が島津義久《よしひさ》の軍勢を打ち破ると、島津氏は各地で連戦連敗を重ね、もはや敗北が必至の状況であった。

島津忠辰《ただとき》や家久《いえひさ》は、すでに秀吉に降伏していた。勝利の可能性が乏しいと判断した義久は、同年五月八日に泰平寺（鹿児島県薩摩川内市《せんだい》）に陣を構える秀吉に和睦を提案すると、剃髪して龍伯《りゅうはく》と号した。秀吉は娘の亀寿《かめじゅ》を人質とすること、義久が在京することを条件に和睦に応じた。こうして島津氏は、秀吉の前に屈したのである。そして、九州征伐は総仕上げとして九州国分を行うことにより、ようやく終わりを告げた。

大名統制の方法

島津氏を屈服させた秀吉は、全国支配に意欲を見せる。それ以前から太閤検地、刀狩などの諸政策を実行していたが、重要なのは大名統制の方法だった。

そこで、秀吉は関白、太政大臣、豊臣姓を得ると、公家や配下の武家を統制するため、官位を用いて序列化などを試みた。目に見える形での統制を目論み、天下人としての威勢を知らしめようとしたのだ。少し時間を遡って考えてみよう。

信長横死後、秀吉がライバルを退けて後継者になると、周囲の扱いに大きな変化が見られた。天正十一年、新年を姫路城で過ごす秀吉のもとには、秀吉に臣従する諸大名が列を成して参賀に訪れたという（『柴田退治記』）。『太閤記』にも同様の記述を確認できる。彼らが年始の礼に姫路を訪れたのは、秀吉を信長の後継者と認めたからと考えてよいだろう。ただし、この記述は二次史料にしか見えないので検討の余地はあるが、少なくとも秀吉は年末を山崎で過ごし、筒井順慶が年始の礼に訪問したのはたしかなようである（『多聞院日記』）。

先述のとおり、同年九月、秀吉は大坂本願寺の跡地に大坂城の築城を開始し、翌年八月に入城した。大坂城下には京都や堺の商人が移住するなど、一大都市を形成した。城郭の巨大さといい、城下の規模といい、大坂城は秀吉権力の象徴といっても過言ではなく、もはや諸大名には対抗する術がなかったといえよう。

敵対する柴田勝家を滅ぼしたのち、秀吉は徳川家康・織田信雄との小牧・長久手の戦いで苦戦を強いられたものの、天正十二年十一月には和睦へと持ち込んだ。その後、秀吉は従三位・権大納言に叙せられ、内大臣、関白へと昇進した。一気に公家身分へと上り詰めた秀吉は、名実ともに天下人となったが、まだこの時点の天下は日本全国を意味しない。

公家社会の頂点に立つ

天正十四年十一月になると、晴れて正親町天皇が退位し、新天皇に後陽成天皇が即位した。その際、秀吉は後陽成天皇に即位灌頂《かんじょう》を伝授した。即位灌頂とは、天皇の即位式で執り行われた密教儀式のことで、秘儀とされていた。通常、即位式の前に摂関家から天皇に印相《いんそう》と真言《しんごん》が伝授される。この「印明《いんみょう》伝授」という伝授行為と即位式で天皇が伝授された印明を結び、真言を唱える実修行為を併せて即位灌頂という。

その翌月に、秀吉は太政大臣に就任した（『公卿補任』）。そして、「豊臣」姓までも与えられたのである。

ちなみに戦国期の天皇は財政的な問題などにより長らく譲位ができず、本来の治天《ちてん》の君（＝上皇）になることができなかった。譲位という正親町天皇の長年の宿願を叶えることは、豊かな財政を誇る秀吉にしかできなかった。一般的には、院政は上皇が背後で天皇を操る「悪弊」と考えられているが、それは誤解である。平安時代以降、天皇は早い段階で譲位して上皇となり、院政を行うのがスタンダードだった。それは、幕末まで続くのである。朝廷が秀吉を関白に加えて太政大臣に就任させたのは、財政支援を求めるための布石であった。

翌天正十五年一月、関白・太政大臣の秀吉のもとには、各国の諸大名だけでなく、公家衆も新年の参賀に訪れるようになった（『言経卿記』）。衣冠束帯に身を包んだ公卿や殿上人が新年の挨拶に訪れた理由は、秀吉が無視できない存在だったからにほかならない。公家たちには屈辱感があったかもしれないが、秀吉は得意の絶頂にあったと想像される。

同年九月になると、待望の聚楽第が完成した。それは、秀吉が自身の政庁として築いたものである。以後、毎年正月になると、秀吉への参賀に訪れる者は、大坂城か聚楽第のいずれかに年始の礼に参上するようになった。秀吉への参賀は、文禄元年（一五九二）に関白を秀次に譲り、「太閤」と称せられても続いたのである。なお、太閤とは関白を子に譲った人という意味であり、秀吉は太政大臣の職を辞めたわけではなかった。秀吉が公家社会から離れていないことに注意すべきだろう。

関白・太政大臣となった秀吉は、公家社会の頂点に立つことによって、大名だけでなく公家衆にも臣下の礼を取らせようとした。形式や先例が大きな意味を持つ社会にあっては、たとえ秀吉の出自が貧しくとも、関白・太政大臣という肩書の持つ意義は大きかったといえよう。

「羽柴」氏と「豊臣」姓の違い

秀吉の名字は「羽柴」であったが、先述のとおり「豊臣」の姓を下賜された。秀吉は、自らの「羽柴」氏や「豊臣」姓を配下の諸大名に与えたことで知られている。これには、どのような意味があったのか。

そもそも、秀吉の「羽柴」氏と「豊臣」姓との違いを考えてみよう。

本来、姓とは朝廷から与えられ、初めて名乗ることが許可されたものである。「源平藤《げんぺいとう》橘《きつ》」は、その一例である。位記《いき》（位を授けられた者に与えられる文書）は、本姓で書くことが決まりである。たとえば、三代将軍・足利義満であれば、清和源氏の出身で本姓が「源」なので、正式には「源義満」と書く。

一方、氏（名字）とは、本姓の一族から分かれた家の名を示しており、自身が本拠とした地名などを名字とした。たとえば、毛利氏は鎌倉幕府の政所《まんどころ》初代別当・大江広元《おおえのひろもと》を先祖としていたので、本姓は「大江」である。しかし、のちに広元の四男季光《すえみつ》が相模国毛利荘（神奈川県厚木市）を本拠としたため、「毛利」という名字を名乗った。毛利氏が正式に名乗る場合は、「大江元就」となる。

豊臣姓は、「源平藤橘」と同様に朝廷から与えられた姓であった。秀吉は、それを配下の諸大名に与えたのである。したがって、官位を与えられた諸大名の多くは、豊臣姓で位記を与えられた。また、彼らが文書を発給する際には、「羽柴」氏で署名をしている例が多く見られる（たとえば、「羽柴秀家」など）。この点については後述する。

つまり、秀吉から「羽柴」氏を与えられた者は、拒否できないだけでなく、実際に名乗らねばならなかった。秀吉は「羽柴」氏と「豊臣」姓を大名に与えることによって、有力な諸大名を臣従させたのである。

「羽柴」氏・「豊臣」姓を与える

一般的に、戦国大名は配下の武将との関係を強化するために、自らの名前の一字を与えていた。偏諱授与である。たとえば、十五世紀後半に播磨国など三カ国守護を務めた赤松《あかまつ》政則《まさのり》の配下の武将たちは、別所則治《べっしょのりはる》、浦上則宗《うらがみのりむね》、小寺則職《こでらのりもと》などのように、政則から「則」の一字を与えられていた。ちなみに、別所氏の「治」、浦上氏の「宗」、小寺氏の「職」は、それぞれの家の当主の通字《とおりじ》（実名に祖先代々伝えてつける文字）である。したがって、一般的に大名配下の武将は、当主から与えられた一字＋自身の家の通字によって、名前を決めていたのである。

また、さらに時代が進むと、将軍家は名前の一字を大名に与えた。足利義晴《あしかがよしはる》は「晴」の字を、足利義輝は「輝」の字を各地の大名に与えたことが確認できる。尼子晴久《あまごはるひさ》や赤松晴政《あかまつはるまさ》は、その一例である。ただし、この場合は偏諱と官位を与えるのがセットになることが多く、将軍家は諸大名の金銭の見返りを期待していた。

名字を家臣に与えた例も多い。小寺氏は家臣の黒田氏に「小寺」の名字を与え、名乗らせた。明智光秀の場合も同じである。彼らは自身の名字を配下の者に与えることにより、主従間の紐帯《ちゅうたい》を強めた。宇喜多氏のケースは有力な家臣に対し、「宇喜多」ではなく「浮田《うきた》」という当て字で名字を与えていた。こうして宇喜多氏は擬制的な一族を形成し、円滑に領国支配を行おうとしたのである。

こうした例にならって、秀吉は名前の一字でなく「羽柴」氏や「豊臣」姓を与えていたのである。

一つの例を確認しておこう。天正十六年四月十四日、大友義統（宗麟の子）は聚楽第の秀吉のもとを訪れた（『大友家文書録』）。このとき、大友氏は秀吉から、「羽柴」氏と「豊臣」姓を与えられている。同年四月末日になると、義統は「吉」の字を秀吉から与えられ、吉統へと改名した。

むろん、大友氏だけが「羽柴」や「豊臣」を与えられたのではなく、五大老クラスである前田利家や宇喜多秀家を含め、数多くの大名に例が見られる。ただし、「豊臣」姓を与えられた者のほうが少ないので、「羽柴」氏より価値が高かったと考えられる。

ちなみに、秀吉が名前の一字「秀」を与えたことは、あまり例がない。秀次、秀勝、秀家、秀秋《ひであき》など、養子に迎えた者にほぼ限定されている。「秀」字は羽柴（豊臣）家の通字だった。足利将軍家も通字の「義」を授ける例は、乏しいといえる。

徳川家康の次男・結城秀康は、家康と秀吉の友好の証として養子縁組がなされ、秀吉に迎えられた。秀康の名前の「秀」字は秀吉から、「康」字は家康から取ったものである。秀吉が「秀」字をもしくは「吉」字を与える基準は、養子に迎えた者かそれ以外の者か、であった。秀吉は身内と外様とで、厳然たる区別を設けたと考えられる。

武家官位の創出

「羽柴」氏と「豊臣」姓を巧みに活用した秀吉であったが、次に目を付けたのは官位だった。秀吉は官位をいかにして活用し、大名を統制したのであろうか。

その前に、戦国期における武家の官位の概要を説明しておこう。

十六世紀前半頃から、戦国大名が朝廷に官位を申請すると、希望する官位が金銭などと引き換えに朝廷から与えられた（もちろん例外もある）。厳密にいえば、室町幕府を通して、朝廷への官位申請の仲介が行われた。地方の大名は高い官位を競って希望したが、実力的支配が展開する戦国社会においては、必ずしも高い官位を得ることにより領国の実効支配が裏付けられたわけではない。

たとえば、安芸国を円滑に支配するのに、「安芸守」という受領官途が有効であったか否かを一次史料で証明することは至難の業である。実際に「安芸守」という受領官途が支配を円滑に進めたことを示す史料は皆無に近い。むしろ、各大名が与えられた官位を「有効である」と信じて、朝廷に希望したと考えるのが理にかなっている。かつて、受領官途が当該国を支配するのに有効であるという説があったが、今では実証性に欠けるため否定的な見解が多数を占めている。

秀吉が仕えた信長は、自身が積極的に官位を活用した形跡が乏しく、配下の武将に任官を勧めた例もほとんどない。しかし、秀吉に限らず、戦国大名は自身が官位を得るとともに、独自に配下の武将に対しても官位を与えた事例が残っている（毛利氏など）。官位の授与による家臣団のコントロールは、秀吉の専売特許ではなかった。

通常、官位は朝廷の作成する口宣案により授与されたが、戦国大名の配下の武将の場合は、ごく一部の例外を除いて口宣案が発給されていない。戦国大名は独自に（勝手に）官途状を作成し、配下の武将に与えたのである。同時に、大名の官位も僭称《せんしょう》（自称）が大半であり、すべての官位の授与が朝廷から認められたわけではない。先祖が自称した官位は、代々「家」の官位として継承されたのである。

官位による序列化

ここまで説明したとおり、大名が官位を与えられることによって、目に見えるメリットがあったとは考えにくい。しかし、官位を授与された者にとっては非常に栄誉のあるものであり、そうした理由で要望された側面は否定できない。秀吉が目を付けたのは、官位の持つ栄誉という性質、そして大名の序列化だった。秀吉は信長と異なり、官位をうまく利用して配下の大名を統制しようと考えたのである。

秀吉が関白に就任したのは、天正十三年七月のことである。その際、直臣十二名が一斉に従五位下・諸大夫《しょだいふ》に叙された（『秀吉事記』など）。その面々とは、石田三成、大谷吉継《おおたによしつぐ》などの腹心の家臣であった。ちなみに諸大夫とは、朝廷から親王・摂政・関白・大臣などの家司《けいし》（公卿の家に置かれた職員）に補せられた者で、四位、五位まで昇進した地下人《じげにん》のことを示す。地下人とは昇殿を許されない官人の総称で、一般には蔵人《くろうど》を除く六位以下の人を意味する。

秀吉が関白に就任すると、当然ながら家司となる扈従《こじゅう》（従者）が必要であった。そこで、秀吉はもっとも信頼できる直臣の中から十二名を選び出し、従五位下・諸大夫に任命したのである。彼らの補任の事実に関しては、口宣案の発給が確認できる者も存在するので、ほぼ間違いないと考えられる。

さらに同年十月、秀吉が朝廷に執奏《しっそう》することにより、秀吉一門や有力な諸大名が一斉に公家成《くげなり》をした（『兼見卿記』）。公家成とは五位以上になって、昇殿を許される身分に昇進することである。このとき、秀吉の弟・秀長をはじめ、細川忠興ら十名が昇殿を許可された。

その際、宇喜多秀家も昇殿を許されたが、当時まだ十四歳の少年であり、周囲も驚くような破格の扱いであった。そもそも宇喜多氏は、備前の一介の土豪に過ぎなかった。宇喜多氏に限らず、身分の低い武将が信じがたい昇進を果たした例は枚挙に遑《いとま》がない。秀吉は自らが関白などの重職に就任することで、配下の大名の官位執奏権を手にしたのだ。

信長の時代は信賞必罰により、功のある者には相応の恩賞が与えられた。むろん、秀吉の場合も同じであるが、異なるのは諸大名を官位により序列化し、視覚化を行ったことだった。それは、関白・太政大臣の秀吉を筆頭にして、豊臣政権内部における諸大名の序列を鮮明にして統制するものだった。秀吉は、ついに武家の棟梁である征夷大将軍に就任しなかった。その理由として考えられるのは、秀吉の身分が低かったため、武家の頂点に立つよりも公家社会に憧れの念を抱いていたことがあったのではないか。

また、征夷大将軍は武家社会のトップではあるが、諸大名を序列化するシステムとしては不十分である。公家社会は先述のとおり、摂関家などの家格に加え、官位によって序列化されていた。秀吉は抽象的な意味での武家社会のトップである征夷大将軍よりも、関白・太政大臣という公家社会の頂点に位置し、公家のシステムを換骨奪胎して創出した、独自の武家官位制に魅力を感じたと考えられる。

関白秀吉の体制の大きな画期になったのは、天正十六年の聚楽第行幸である。秀吉の牛車の前駆けは、七十四人とも百二十人とも伝えられている（『当代記』など）。その壮麗さには、諸大名をはじめ都の人々も驚嘆したはずで、秀吉の威勢は全国に知れ渡った。

また、大勢の供奉《ぐぶ》を引き連れたのは、秀吉だけではない。従二位大納言の徳川家康は十二人、正二位内大臣の織田信雄は十人、従二位大納言の豊臣秀長は十六人、従三位の豊臣秀次は十二名もの諸大夫を引き連れていた。その威勢には、本家の公家もきっと驚いたに違いない。

小田原征伐の開始

中国・四国・九州を平定後、さらに天下統一に邁進する秀吉にとっての最大の敵は、関東一円に威勢を及ぼす小田原北条氏のみとなった。

当初は、両者ともに戦う気配がなかった。ところが、家康は同盟を結んだ北条氏から、真田昌幸が所持していた上野国沼田・吾妻領の譲渡を迫られ、問題が複雑化した。

天正十七年七月、秀吉は北条氏に沼田城と知行地三分の二（沼田領利根川以東）を与え、真田氏には名胡桃《なぐるみ》城（群馬県みなかみ町）と残り三分の一（信濃国伊那郡箕輪《みのわ》領）を与えるという裁定を下した。秀吉の裁定により、これで一件落着かと思えた。

しかし、秀吉の裁定があったにもかかわらず、同年十一月に北条氏邦の家臣・猪俣邦憲《いのまたくにのり》が名胡桃城を攻撃した。北条氏が名胡桃城を奪取したのは、秀吉の裁定に不満があったからだろう。こうした北条氏の一連の動きは、秀吉の政策基調である「惣無事」に背く重大なルール違反を犯していた。「惣無事」とは、一切の私戦を禁止するものだからである。

秀吉は、北条氏に対して烈火のごとく怒り狂った。同月、秀吉は北条氏政・氏直父子を「悪逆人」と称し、五カ条からなる宣戦布告状を北条氏直に送った（『真田家文書』ほか）。その文面は、実に苛烈な内容だった。そして、全国の主な大名へ北条氏の討伐を命じ、出陣を促したのである。

慌てた北条氏は直ちに使者を秀吉のもとに送り弁明を行ったが、受け入れられなかった。天正十八年三月、秀吉は総勢二十二万という軍勢を動員し、小田原城（神奈川県小田原市）へと出陣したのである。その軍勢の中には、北条氏に和睦を呼びかけることになる黒田孝高・長政《ながまさ》父子の姿も含まれていた。早速、孝高は北条氏照《ほうじょううじてる》の備えを落とし、褒美として秀吉から太刀を与えられた（「黒田家文書」）。

北条氏は関東の主要な地域に支城を築いており、そのネットワークを活用して秀吉軍に対抗しようとした。同時に、小田原城に惣構を築き上げ、堅固な城郭でもって撃退を目論んでいた。しかし、天正十八年四月以降、北条氏の頼みの綱であった支城は次々と落城し、敗勢が濃くなってきた。

秀吉は、小田原城の近くに石垣山城を築城した。「石垣山一夜城」と称されるのは一夜にして完成させ、小田原城の城兵の戦意を喪失させたという逸話による。しかし、実際には約八十日間かけて築城され、かなり堅固な城であったという。この城は小田原城への付城の一つで、秀吉は得意の兵糧攻めで落城させようと考えたのだ。

北条氏の降伏

当事者の真田昌幸も各地の大名とともに、小田原城攻撃に出陣した。昌幸は四月に松井田城（群馬県安中市）を攻撃し、七月には成田氏の居城・忍城《おし》（埼玉県行田市《ぎょうだ》）の攻撃に加わった。同じ頃、秀吉は北条氏を降伏へと追い込んだ。一連の軍功により、昌幸には再び沼田城が安堵された。そして、その支配は長男・信幸（信之）に委ねられたのである。

敗勢に追い込まれていた北条氏は、重臣の松田《まつだ》憲秀《のりひで》が裏切るなど、徐々に内部崩壊が進んでいった。北条氏は連戦連敗によってすっかり戦意を喪失しており、当初の秀吉軍を一蹴する勢いは完全に失われていた。秀吉は北条氏の弱体ぶりを見逃さず、開城勧告を行うことにしたのである。

孝高が交渉役に起用されたのは、これまでの調略戦における実績が評価されたからである。北条氏政は、孝高の小田原開城の勧告に対して反対したが、子の氏直は開城命令を受け入れた。もはや選択の余地がないことを悟ったのであろう。ただし、氏直は自らの命と引き換えに、城兵の助命を嘆願した。

秀吉は嘆願を聞き入れ、氏直の命を助けたが、氏政や重臣らの助命嘆願には応じなかった。この判断には理由があった。氏直の妻は家康の娘だったので、秀吉は配慮したのだろうが、氏政や家臣を許す理由はなかった。いずれにしても、関八州にわたる広大な北条氏の領国は、すべて秀吉に接収されたのである。

孝高が氏政・氏直父子に開城を申し入れたとき、酒などを贈った。その返礼として、北条氏から刀や『吾妻鏡』が贈られたと伝わっている。のちに、この『吾妻鏡』が子の長政から徳川家康に呈上されたという。これが『吾妻鏡』北条本と称されるものであるが、現在この説は否定されている。

戦後、氏政は自刃して果てた。氏直は高野山（和歌山県高野町）行きを命じられたが、家康の執り成しもあって、翌天正十九年に許された。しかし、十一月に病没した。

奥州仕置と天下統一

天正十八年七月の小田原北条氏討伐後、豊臣秀吉は小田原攻めに参陣しなかった東北の諸大名、結城義親《ゆうきよしちか》、石川昭光《いしかわあきみつ》、江刺重恒《えさししげつね》、葛西晴信《かさいはるのぶ》、大崎義隆《おおさきよしたか》、和賀義忠《わがよしただ》、稗貫広忠《ひえぬきひろただ》（家《いえ》法《のり》・重綱《しげつな》）らの所領を没収した。稗貫氏が追放されたのち、居城である鳥谷ヶ崎《とやがさき》城（岩手県花巻市）には、浅野長政が入城した。

蒲生氏郷、浅野長政が率いる奥州仕置軍は諸将を引き従え、平泉（岩手県平泉町）周辺まで進撃して和賀氏ら在地の勢力を制圧したのである。長政の家臣が代官として駐留し検地などを行うと、奥州仕置軍は引き上げることとなった。

しかし、所領を没収された大崎氏、葛西氏らの旧臣および農民たちは、検地を強行され強い不満を抱いていた。同年十月、蓄積した不満が爆発し、彼らは一揆を結んで各地で旗揚げしたのである。一揆軍は、秀吉から派遣された木村吉清《きむらよしきよ》らの武将らと交戦に及んだ。和賀郡・稗貫郡においても、一揆軍の動きに呼応して、和賀義忠、稗貫広忠らが蜂起したのである。のちに秀吉は、吉清が一揆の鎮圧に失敗したことを咎《とが》めて改易した。

同年十月二十三日、一揆勢は二子《ふたご》城（岩手県北上市）の浅野長政の代官・後藤半七《ごとうはんしち》を攻撃すると和賀氏の旧領を奪回し、さらに鳥谷ヶ崎城を取り囲んだ。鳥谷ヶ崎城の代官・浅《あさ》野《の》重吉《しげよし》は少ない軍勢であったが、城が要害であるため落城は免れていた。南部《なんぶ》信直《のぶなお》は軍勢を引き連れ、鳥谷ヶ崎城へ急行すると、浅野重吉らを救い出し、南部氏の居城・三戸《さんのへ》城（青森県三戸町）に撤退したのである。

戦いの結果、鳥谷ヶ崎城や稗貫氏の旧領も一揆勢の手に渡り、秀吉が派遣した郡代、代官らは、旧領主の軍勢に追い出されてしまった。

翌天正十九年、秀吉は奥州再仕置軍を編成し、一揆勢力の討伐を行った。総大将の豊臣秀次が約三万の兵を率い、徳川家康以下、東北の諸大名がこれに従った。奥州再仕置軍に対して、和賀氏らも必死の抵抗を試みたものの、ついに再仕置軍によって制圧された。しょせんは多勢に無勢である。逃走した和賀義忠は、途中で土民に殺害されたという。その後、和賀、稗貫の両郡は南部信直に与えられた。

こうして奥州仕置は完了し、秀吉は悲願の日本国内における天下統一事業を成し遂げたのである。

ところで、秀吉の天下はいつから日本全国を意味するようになったのだろうか。

天正十六年八月に発給された島津義久の書状（琉球・中山王宛）には、天下の語が用いられている（「島津家文書」）。この場合の天下は、文脈から日本全国を指すことが指摘されている。つまり、大名層のなかでは、この頃から天下を日本全国の意味として用いる例があったといえる。しかし、それは文脈によるもので、すべての天下の語義が日本全国を意味するものではない。まだ、京都や畿内を指す例もある。

天下が日本全国を意味するようになったのは、右の事例を嚆矢《こうし》として徐々に使われるようになってからである。江戸時代の初期になると、天下は京都や畿内を意味しなくなり、日本全国を指すようになると指摘されている。秀吉の時代において、天下の語義を確定するのは困難である。しかし、おおむね天正十八年の小田原征伐後を機にして、秀吉の意識のなかでは、天下＝日本全国という意識があったのではないかと考える。

家康が江戸に入る

天正十八年七月に小田原北条氏が滅亡すると、豊臣秀吉は家康に関八州へ移ることを命じた。家康が本拠として選んだのは小田原ではなく、江戸だった。今でこそ東京は日本の中心として繁栄しているが、当時は決してそうではなかった。当時の江戸は辺境の地であり、寂れていたという。この点をもう少し考えてみよう。

江戸城を家康の本拠に定めたのには、秀吉の強い意向もあったという。一説によると、家康の存在を恐れた秀吉は、家康を関東の辺境地に追いやって、その力を削ごうとしたといわれている。秀吉の命によるので、家康に江戸以外の選択の権利はなかったものの、それは俗説に過ぎないだろう。秀吉は家康を関東に配置することにより、北関東や東北の諸大名の備えにしたと考えられる。また、江戸は決して悪い場所ではなかった。

江戸は関東各地の街道が集結しており、陸上交通の至便性が高かった。品川湊《みなと》を通じた海上交通も発達しており、隅田川などの河川交通も重要な役割を果たしていた。江戸は未開拓とはいえ、優れた交通網で関東内陸部から沿岸部の周辺諸国と繋がっており、大いに可能性を秘めた土地だったのである。

江戸城の創建について触れておこう。江戸城の淵源をたどると、康正三年（一四五七）に太田《おおた》道灌《どうかん》が築いたのがはじまりであるという。以後、幾多の変遷を経て、大永四年（一五二四）に北条氏綱《ほうじょううじつな》の支配下に収まった。

江戸城は家康により改修されたが、創建期の一次史料は乏しく、二次史料によらなくてはならない。築城当初の江戸城は小規模であったが、二の丸などを増築し、徐々に規模を拡大していた。当時の江戸城は江戸湾に近接していたので、湾内の埋め立てなども行い、城下町を形成した。江戸城の改修や城下町の整備はその後も続けられ、少しずつ充実したものになった。

慶長五年（一六〇〇）九月の関ヶ原合戦後、家康は江戸城の拡張に着手する。なかでも大規模な改修工事となったのが、慶長十一年の天下普請である。家康は全国各地の大名に命じ、改修工事を推し進めた。以後もたびたび工事を実施し、江戸城は秀吉の後継者たる天下人の城としてふさわしい姿に変貌する。

信雄と三法師（秀信）の最期

長期政権の礎を築いた家康にひきかえ、信長の子・信雄と孫の三法師（秀信）には、過酷な運命が待ち受けていた。

信雄は秀吉の軍門に降ったものの、良好な関係を保ち続けた。信雄が尾張、伊賀、南伊勢などに約百万石を領有したのは、その証であろう。二人の関係に亀裂が生じたのは、天正十八年（一五九〇）の小田原合戦後である。信雄は大いに軍功を挙げたが、関東に国替えになった家康に代わり、三河・遠江へ転封を命じられた。しかし、信雄はこれを拒否。改易後は出家して常真《じょうしん》と名乗り、下野国烏山（栃木県那須烏山市。那須という説も）に流罪となった。

文禄元年（一五九二）に文禄の役が開始されると、信雄は家康の仲介もあって、秀吉から許しを得た。信雄は秀吉の御伽衆になり、大和国内に一万石を与えられる。慶長五年九月の関ヶ原合戦では西軍に与したとみなされ、信雄は改易。慶長十九年の大坂冬の陣では家康に与して、大和国宇陀郡、上野国甘楽《かんら》郡などに五万石を与えられたが、寛永七年（一六三〇）四月に京都で亡くなった。

一方の三法師は、文禄元年に岐阜城主となり、十三万石を与えられた。秀信の名は、秀吉の偏諱を受けたもので、良好な関係を築いたのは事実だろう。

慶長五年九月に関ヶ原合戦が勃発すると、秀信は西軍に与して、岐阜城に籠城した。しかし、池田輝政、福島正則が率いる軍勢に敗北。合戦後は改易となり、高野山に送られた。高野山の麓で亡くなったのは、慶長十年である。こうして、信雄と秀信は不遇のままにその生涯を終えた。

織田家の子孫は近世にも生き残ったが、かつての輝きを失っていた。彼らが再び天下に名乗りを上げることはなかったのである。

秀吉はいつ政権基盤を樹立したのか

ここまで本能寺の変以降の政治情勢について、秀吉と家康を中心にして述べてきた。歴史を知るわれわれは、秀吉の天下取りをあたかも予定調和的に捉えている感がある。しかし、実際に秀吉が天下を取るには、相当な困難があったと考えてよいだろう。また、「いつから」と豊臣政権誕生の起点を定めるのも困難であり、いくつかの段階を踏まえて豊臣政権は誕生したとみなさなくてはいけない。

天正十年六月の本能寺の変後、秀吉は清須会議で山城などを領有し、もっとも有利な立場にあった。この時点で秀吉の天下取りのスイッチが入ったのかについては、いろいろ検討すべき点があるが、秀吉は山城国を自身の領国に組み込んだときには、強く意識していたと考えるべきだろう。秀吉は京都を抑えることが、将来の布石になると考えたに違いない。

天正十一年四月、秀吉は信雄を擁立して、信孝・勝家の二人を死に追いやる。秀吉は諸大名の動員権をも獲得し、織田家の宿老のうち、勝家以外の丹羽長秀、池田恒興を指示命令系統下に組み入れた。この年、秀吉は大坂城の築城を開始し、同年五月に信雄が前田玄以を京都奉行に任命するが、それには秀吉の意向が強く反映されていた。信雄には秀吉に対抗しうる力はなく、京都市中の支配を委ねざるを得なかった。

天正十一年の冬以降、秀吉は信雄に対して、臣下の礼を取らなくなる。危機感を抱いた信雄は家康と協力して秀吉に対抗し、天正十二年三月以降の小牧・長久手の戦いで交戦するが、最終的に秀吉に屈した。翌天正十三年二月、信雄は上洛して秀吉の軍門に降った。秀吉は織田家を完全に臣従させ、豊臣政権成立の基礎を築いた。

この時点までに、信長の時代に威勢を誇っていた勝家を死に追いやり、家康ら重臣を屈服させ、織田家の後継者たる信雄、信孝も同じことになった。一連の流れは、来るべき豊臣政権の第一歩となった。

その間の天正十三年一月、秀吉は関白に就任し、天下人の第一歩を踏み出した。同時に天正十八年までに、中国の毛利氏、土佐の長宗我部氏、薩摩の島津氏、相模の北条氏を屈服させる。彼らを滅亡もしくは臣従させたことにより、武家社会における豊臣政権の基盤が確立した。

秀吉の意識の変化は、発給文書のなかにも見られる。関白に就任した秀吉は、足利将軍が用いた「御内書《ごないしょ》」という書式を使用するようになった。「御内書」は発給者の意思を示す直状形式の文書で、家臣の副状《そえじょう》とセットになる。書止文言は「也」で終わることが多く、「恐々謹言」のような丁寧なもので結ばれていない。尊大な形式の文書である。受け取った相手は、副状を書いた家臣に返事を送り、秀吉への披露を願うことになる。

たとえば、普通の書状で出陣を依頼し、書止文言が「恐々謹言」で終わる場合は、「出陣してください。よろしくお願いいします」という感じになる。ところが、御内書で出陣を依頼し、書止文言が「也」で終わる場合は、「出陣しろ。以上」というイメージになろうか。秀吉は臣従した大名に御内書を送り、文書上の書式でも優位に立った。

また、秀吉は文書のなかで、自敬表現を用いるようになった。自敬表現とは、自分の行為を、敬語を使って書くことである。たとえば、自分の行為の名詞に「御」を付けたり、動詞も「聞《きこ》し召す」「思《おぼし》召す」といった言葉を用いる。通常はあり得ない。ちなみに、のちの家康も自敬表現を用いたことで知られている。

天正十四年十月、秀吉は家康を上洛させ、臣従に成功。同年十二月、秀吉は太政大臣に就任し、天皇から「豊臣」姓を下賜される。関白就任以降の一連の流れをもって、豊臣政権の基礎は完成した。秀吉は独自の武家官位制により臣従した諸大名を序列化し、「羽柴」氏や「豊臣」姓を彼らに与えることによって統制を進めたのである。官位執奏権を掌握した秀吉は、武家に加えて公家社会をもコントロール下に収めた。

秀吉による天下取りは、天正十年六月の本能寺の変後から始まり、天正十四年十二月の「豊臣」姓下賜をもって、実質的に完成した。天正十八年の小田原北条氏の討伐などは、その延長線上に過ぎない。先述のとおり、ちょうどこの頃から、秀吉の天下は京都、畿内から日本全国に転化していったと考えられる。秀吉の天下取りは決して偶然ではなく、秀吉の強い意志と独創的な政策に加え、強い独裁によってなし得たものだった。そして、豊臣政権の特質は、秀吉というカリスマ的な指導者が頂点に立つだけでなく、伝統的秩序に革新的手法を組み込んだ、極めて個性的な支配体系を構築した点にあるといえる。

しかし、それは良い面と悪い面があった。慶長三年（一五九八）八月に秀吉が没すると、わずか二年後に豊臣政権は実質的に瓦解した。秀吉の強烈なカリスマ性、リーダーシップは子孫に継承されず、また秀頼《ひでより》は幼かった。秀頼は長じても劣勢を挽回できず、老獪《ろうかい》な家康の前に屈したのである。

おわりに

天下人の性格を知るうえで、有名な句が知られている。次のとおりである。

織田信長「鳴かぬなら　殺してしまえ　ホトトギス」
豊臣秀吉「鳴かずとも　鳴かせてみしょう　ホトトギス」
徳川家康「鳴かぬなら　鳴くまでまとう　ホトトギス」

以上の三句は、第九代平戸藩主・松浦《まつら》静山《せいざん》の随筆『甲子夜話《かっしやわ》』に記されたもので、詠み人は不詳といわれている（句の表記については、さまざまなものが伝わっている）。

それぞれの句は、人口に膾炙《かいしゃ》しており、われわれがイメージする三人の天下人の性格をよく言い表している。短気な信長は鳴かないホトトギスを殺し、知恵者の秀吉は創意工夫で鳴かせようとし、家康は鳴くまで辛抱強く待つ。

これまでの映画やテレビドラマ、小説は、この句によって、三人の天下人を描いてきた。しかし、こうしたイメージは、払拭される段階に来ているだろう。

本書で見てきたとおり、秀吉はテレビドラマで描かれるような明るく陽気な知恵者ではなく、周到な準備により相手を屈服させ、最後はかつての主人だった織田家でさえ臣従化した。家康には局地戦でこそ敗北したが、周囲の大名を味方に引き入れ、「信雄・家康包囲網」を形成し、最後は屈服させた。さらに朝廷をも取り込んで高位高官を手にし、官位を用いることで諸大名を序列化した。

私自身にとって、信長の行動はまだ良心的ですらあり、かえって秀吉のずる賢さには驚きすら禁じ得ない。それは書状を読めばわかるとおり、相手に虚偽を伝えたり、恫喝したりして、圧倒的な勢いで屈服を迫るものだった。これまでの歴史小説やテレビドラマで知られる、ひょうきんで明るい秀吉のイメージも、そろそろ覆されるべきだろう。

なお、本書は一般書であることから、本文では読みやすさを重視して、学術論文のように、逐一史料や研究文献を注記しているわけではない。執筆に際して多くの論文や著書に拠ったことについて、厚く感謝の意を表したい。また、当該分野の研究文献は膨大になるので、主要参考文献に挙げた研究書は主なものに限っていることをお断りする。また、ご関心のある方には、巻末の主要参考文献を読むことをお勧めしたい。

最後に、本書の編集に関しては、朝日文庫編集長の長田匡司氏、そして山田智子氏のお世話になった。長田氏と山田氏には原稿を丁寧に読んでいただき、種々貴重なアドバイスをいただいた。また、『歴史道』編集長の花岡武彦氏には、本書の刊行を仲介いただいた。ここに厚くお礼を申し上げる次第である。

渡邊大門

二〇二〇年六月

主要参考文献

朝尾直弘「豊臣政権論」（同『朝尾直弘著作集　第四巻』岩波書店、二〇〇四年）
跡部信『豊臣政権の権力構造と天皇』（戎光祥出版、二〇一六年）
岩澤愿彦「羽柴秀吉と小牧・長久手の戦い」（『愛知県史研究』四号、二〇〇〇年）
尾下成敏「清須会議後の政治過程　豊臣政権の始期をめぐって」（『愛知県史研究』一〇号、二〇〇六年）
同「小牧・長久手の合戦前の羽柴・織田関係　秀吉の政権構想復元のための一作業」（『織豊期研究』八号、二〇〇六年）
笠谷和比古『徳川家康　われ一人腹を切て、万民を助くべし』（ミネルヴァ書房、二〇一七年）
片山正彦『豊臣政権の東国政策と徳川氏』（思文閣出版、二〇一七年）
加藤益幹「天正十年九月三日付惟住（丹羽）長秀宛柴田勝家書状について」（『愛知県史研究』一〇号、二〇〇六年）
北島正元『江戸幕府の権力構造』（岩波書店、一九六四年）
同『徳川家康　組織者の肖像』（中公新書、一九六三年）
柴裕之編『論集戦国大名と国衆6　尾張織田氏』（岩田書院、二〇一一年）
同『戦国・織豊期大名徳川氏の領国支配』（岩田書院、二〇一四年）
同編『論集戦国大名と国衆20　織田氏一門』（岩田書院、二〇一六年）

同『徳川家康　境界の領主から天下人へ』（平凡社、二〇一七年）
同『清須会議　秀吉天下取りへの調略戦』（戎光祥出版、二〇一八年）
高柳光壽『戦国戦記　本能寺の変・山崎の戦』（春秋社、一九五八年）
谷口央「小牧長久手の戦い前の徳川・羽柴氏の関係」（『人文学報』四四五号、二〇一一年）
中野等「豊臣政権論」（『岩波講座日本歴史　第10巻　近世1』岩波書店、二〇一四年）
日本史史料研究会編『秀吉研究の最前線　ここまでわかった「天下人」の実像』（洋泉社歴史新書y、二〇一五年）
日本史史料研究会監修、平野明夫編『家康研究の最前線　ここまでわかった「東照神君」の実像』（洋泉社歴史新書y、二〇一六年）
橋本政宣『近世公家社会の研究』（吉川弘文館、二〇〇二年）
平野明夫『徳川権力の形成と発展』（岩田書院、二〇〇六年）
藤井讓治『徳川家康』（吉川弘文館、二〇二〇年）
同『天下人秀吉の時代』（敬文舎、二〇二〇年）
藤田達生編『小牧・長久手の戦いの構造　戦場論　上』（岩田書院、二〇〇六年）
同編『近世成立期の大規模戦争　戦場論　下』（岩田書院、二〇〇六年）
同「小牧・長久手の戦いと羽柴政権」（『愛知県史研究』一三号、二〇〇九年）
堀新・井上泰至編『秀吉の虚像と実像』（笠間書院、二〇一六年）
堀越祐一『豊臣政権の権力構造』（吉川弘文館、二〇一六年）

本多隆成『定本　徳川家康』（吉川弘文館、二〇一〇年）
矢部健太郎『豊臣政権の支配秩序と朝廷』（吉川弘文館、二〇一一年）
山崎布美「織田信孝の継目安堵　織田権力の終焉をみる」（『国史学』二一五号、二〇一五年）
渡邊大門編『家康伝説の嘘』（柏書房、二〇一五年）
同『明智光秀と本能寺の変』（ちくま新書、二〇一九年）

＊当該期における豊臣秀吉、徳川家康などをはじめ、政治情勢などに関係する研究文献は膨大な分量になる。ここに挙げたのは、あくまで主要なものに限ったことをお断りしておきたい。

渡邊大門　わたなべ・だいもん
1967年神奈川県生まれ。歴史学者。関西学院大学文学部史学科日本史学専攻卒業。佛教大学大学院文学研究科博士後期課程修了。現在、株式会社歴史と文化の研究所代表取締役。博士（文学）。著書に『流罪の日本史』『宇喜多秀家と豊臣政権』『山陰・山陽の戦国史』『明智光秀と本能寺の変』『関ヶ原合戦は「作り話」だったのか』『本能寺の変に謎はあるのか？』など。

朝日新書
772

清須会議《きよすかいぎ》

秀吉天下取りのスイッチはいつ入ったのか？

2020年７月30日第１刷発行

著　者　渡邊大門

発行者　三宮博信
カバーデザイン　アンスガー・フォルマー　田嶋佳子
印刷所　凸版印刷株式会社
発行所　朝日新聞出版
〒104-8011　東京都中央区築地5-3-2
電話　03-5541-8832（編集）
　　　03-5540-7793（販売）

Published in Japan by Asahi Shimbun Publications Inc.
ISBN 978-4-02-295076-5
定価はカバーに表示してあります。
落丁・乱丁の場合は弊社業務部(電話03-5540-7800)へご連絡ください。
送料弊社負担にてお取り替えいたします。

朝日新書

清須会議
秀吉天下取りのスイッチはいつ入ったのか？
渡邊大門

信長亡き後、光秀との戦いに勝利した秀吉がすぐさま天下人の座についたわけではなかった。秀吉はいかにして、織田家の後継者たる信雄、信孝を退け、勝家、家康を凌駕したのか。「清須会議」というターニングポイントを軸に、天下取りまでの道のりを検証する。

パンデミックを生き抜く
中世ペストに学ぶ新型コロナ対策
濱田篤郎

3密回避、隔離で新型コロナのパンデミックを乗り越えようとするのは、実は14世紀ペスト大流行の時と同じ。渡航医学の第一人者が「医学考古学」という観点から不安にならずに今を乗り切る知恵をまとめた。コロナ流行だけでなく今後の感染症流行対処法も紹介。

中流崩壊
橋本健二

経済格差が拡大し「総中流社会」は完全に崩壊した。そして今、中流が下流へ滑落するリスクが急速に高まっている。コロナ禍により中流内部の分断も加速している。『新・日本の階級社会』著者がさまざまなデータを駆使し、現代日本の断層をつぶさに捉える。

政治部不信
権力とメディアの関係を問い直す
南　彰

「政治部」は、聞くべきことを聞いているのか。斬り込む質問もなく、会見時間や質問数が制限されようと、オフレコ取材と称して政治家と「メシ」を共にする姿に多くの批判が集まる。政治取材の現場を知る筆者が、旧態依然としたメディアの体質に警鐘を鳴らす。